AME访谈系列图书001

胸外科专家访谈

名誉主编：何建行　潘常青　高树庚　刘伦旭　Alan D. L. Sihoe

主　　编：李　媚　成兴华　戴　洁　沈亚星

副 主 编：黎少灵　汪　灏　赵晋波　沈建飞　李嘉庚

中南大学出版社
www.csupress.com.cn

AME
Publishing Company

图书在版编目（CIP）数据

胸外科专家访谈/李媚等主编. —长沙：中南大学出版社，2017.1

ISBN 978 - 7 - 5487 - 2709 - 5

Ⅰ.①胸… Ⅱ.①李… Ⅲ.①胸腔外科学—专家—访问记—中国—现代 Ⅳ.①K826.2

中国版本图书馆CIP数据核字(2017)第011653号

AME 访谈系列图书 001

胸外科专家访谈

XIONG WAI KE ZHUAN JIA FANG TAN

李 媚 成兴华 戴 洁 沈亚星 主编

□丛书策划	郑 杰 汪道远 李 媚
□责任编辑	孙娟娟
□责任校对	石曼婷
□责任印制	易红卫 谢础圆
□版式设计	朱三萍 林子钰
□出版发行	中南大学出版社

社址：长沙市麓山南路　　　　　　邮编：410083

发行科电话：0731-88876770　　　传真：0731-88710482

□策 划 方　AME Publishing Company 易研出版公司

地址：香港沙田石门京瑞广场一期，16 楼 C

网址：www.amegroups.com

□印　　装　天意有福科技股份有限公司

□开　　本　720×1000　1/16　□印张 17　□字数 370 千字　□插页 10

□版　　次　2017 年 1 月第 1 版　□2017 年 1 月第 1 次印刷

□书　　号　ISBN 978 - 7 - 5487 - 2709 - 5

□定　　价　168.00 元

AME访谈系列图书序言

这套丛书，有对医药公司或器械公司高管的访谈，有对医院院长等管理者的访谈，也有对临床各专科一线专家的访谈，虽然被采访对象、主题和访谈的呈现形式有所差异，但是，所有访谈稿件都具有一个共同的特征：作者都试图尽最大努力将访谈最精彩的地方和最有价值的信息传递给读者。

殊不知，一篇好的访谈稿件，从选题、收集资料、采访、撰写、修改、校对，到再修改……作者需要付出很多心血、汗水，甚至忍受了不少憋屈，而这一面读者往往是难以感知的。

清晰地记得，大学二年级的一天下午，我看到学校橱窗里张贴了一份海报——南通医学院首届学科学术带头人评选结果公示。作为一名学生，我对那些教授非常仰慕，顿时产生了一个念头：如果能对这些学科学术带头人做一个采访，将他们成功背后的故事与周围的人分享，应该可以激励更多的人。于是，我将这个想法写在一张信纸上，便去找《南通医学院报》的老师(备注：《南通医学院报》已更名为《南通大学报》)，希望能够得到他们的肯定和支持。

接待我的是一位何姓老师，他听了我的想法后，给了我一顿"教训"，大概的意思就是让我别胡思乱想，采访这些学科学术带头人的任务怎么能够让学生负责？正当我很郁闷的时候，一旁的沈宝衡老师(时任南通医学院宣传部长)安慰我说："这样吧，汪同学你把纸条留下来，等负责院报的张老师回来之后，我帮你转交给他，你先回去等消息吧。"

我怀着沮丧的心情回到了宿舍，就在这时，宿舍的电话真的响起来了。原来是院报的张老师看到我写的想法之后，亲自致电我，一方面给予肯定，另一方面表示全力支持我的想法，他将亲自帮我联系专家，预约好采访时间……只记得我当时很激动，张老师滔滔不绝地在电话那头讲了半天，很多信息我都没有记住，感觉幸福来得太突然了。第一位接受采访的是南通医学院附属医院血液内科主任刘红教授，采访过程比较顺利。通过这一系列采访，我认识了著名统计学专家陈峰教授、病理学专家陈莉教授和眼科专家管怀进教授等多位老师，聆听了他们成功背后酸甜苦辣的故事，受益匪浅。

看到AME访谈系列图书即将出版，触景生情，禁不住回想起自己当年作为大学生记者去采访专家的点滴小事。

　　希望读者能够多多支持这个系列图书的出版，如果您觉得有启发、有收获，如果您很欣赏这个系列的某本书或者其中的某篇文章，作者和编辑都将甚感荣幸；如果您觉得有一些采访稿写得不够深入，有不完美的地方，希望能够多多包涵，给作者多一份鼓励，这份鼓励也许能够让作者和编辑倍感温暖。

　　是为序。

汪道远

AME出版社社长

序（一）

胸外科学是一门实践性很强的科学。对于年轻医师来说，仅仅掌握了教科书上的基本理论是远远不够的，学习和掌握手术流程和操作技巧是更加重要、更加困难的目标。若能得到名师的悉心指导，将是莫大的幸事。

胸外科学是一门包容而精彩的科学。鉴于各国各地区经济文化的差异和历史传承方面的因素，各医学中心的技术流派和外科技艺可谓是百花齐放、百家争鸣、精彩纷呈。对于胸外科年轻医师来说，博采众家所长方能日后成为名家，方能为患者提供最合适的个体化服务。

胸外科学也是一门迅速发展中的科学。前沿知识和尖端技术层出不穷、日新月异，每一名胸外科年轻医师都需要时刻学习、及时掌握，方能勇立潮头、不断进步。

有鉴于此，中南大学出版社、AME出版社汇总了近期国内外近百位胸外科领域顶尖专家的现场访谈，为广大胸外科年轻医师量身定制了一份内容丰富、形式生动的学术大餐。专家大师们精彩的经验畅谈和独到的见解分享，必将令每一位胸外科年轻医师醍醐灌顶、酣畅淋漓、受益良多！

汪灏

复旦大学附属中山医院胸外科

序（二）

医学，是当今发展最快的科学之一。每一位医生，均需要不断地学习、了解最新的进展和最新的技术，才能够更好地为大众提供最优秀的医疗服务。那么，作为医疗活动的主体之一，医生，尤其是一名外科医生，如何才能不断提高呢？有的人认为应该向名家学习，汲取众家之长，然而，这样的机会并不是每一个医生都能遇到；有的人认为应该学习经典著作，与临床融会贯通，然而，并不是每一个人都能真正从经典著作中获得所有的精要；有的人认为应该埋头苦练，从临床病例中获得营养，然而，由于各种原因的限制，并不是所有的病例都能够碰到。那么，还有没有更好的方法可以实现医生，尤其是外科医生的自身提升呢？现在这本既不讨论专业的医学进展，不讨论具体的技术细节，也不讨论具体的临床病例，而是更多地记录每一位胸外科专家自身的看法及观点的《胸外科专家访谈》，可能会从另外一个角度为外科医生自身的提升提供一个更好的机会。

本书分为"名家对话""大医精诚""国际视野"三个部分，涵盖了近百名中外胸外科专家对于不同问题的看法、经验、心得、体会、争论、观点。本书具有以下两个特点：第一、真实呈现：在访谈过程中，所有的问题及交流均通过详细的文字记录、视频等真实地还原每一位专家的观点，即使是英文访谈也保持英文原文，不加修饰，不作翻译，让读者自己体会。第二、内容丰富：访谈内容不仅涉及到胸外科具体疾病的研究进展、手术技术、自身经验，而且涉及到数据库的建立、临床研究的开展和对未来的展望。这些丰富的内容让本书不仅对于胸外科医生，而且对于医学生、胸外科科研工作人员，甚至是本身已经成为知名胸外科专家的教授们来说，均具有重要的启迪及参考价值。

此外，本书通过访谈这种新颖的方式，充分融合了传统纸质媒介和现代电子媒介的各自优点，为广大读者提供了一道中西合璧的精神大餐。希望本书的每一位读者都能够从中得到启迪和共鸣。

赵晋波
第四军医大学唐都医院心胸外科

序（三）

我们正处在一个思想大活跃、观念大碰撞、信息一体化、经济全球化和文化大交融的伟大时代。随着中国不断融入全球大家庭，中国在国际上的影响力与日俱增。国内外专家、学者正迫切地寻找合适的交流平台促进知识的传播，增进相互的理解。

《胸外科专家访谈》以独特的视角，以星流影集之势汇集国内外知名专家学者共同畅谈人生感悟、分享学术见解。本书的受访专家来自全世界14个国家近百家知名医疗中心，访谈内容兼顾科学与人文，覆盖最新学术进展、独特科研见解、珍贵临床经验及独一无二的人生经历与感悟。

本书以访谈的形式呈现给读者，有别于传统学术论文，访谈以一种相对简单、便捷、高效的方式传播最前沿、最专业的学术信息，以及人文见解。本书的访谈包含了周星明、陈奇勋教授的外科医生的三把"刀"、刘德若教授的"莫忘少年志，莫畏行医难"、姜宏景教授的"内心强大方能走到最后"等人生感悟，对年轻胸外科医生来说犹如茫茫大海中的指路明灯。

此外，在访谈中还包含了国内外知名专家对最新胸外科手术技术创新、指南更新、研究进展等的解读。胸外科领域的顶尖专家以全新的访谈形式出现在大众的面前，用生动的语言、精准的比喻，使读者可以快速地了解目前胸外科领域所面临的问题、机遇和挑战。

最后，本书邀请了国外的知名专家阐述他们对医学、手术、人文、学术进展等的理解，使得广大读者足不出户就能听到来自世界的声音，领略世界各地胸外科专家的神秘魅力，互相学习对方的先进经验，从而共谋学术发展，造福患者！

期待中南大学出版社、AME出版社将来在更广的领域、更深的层面促进全球学术的交流，引领医学的发展！开拓创新，领跑未来！

沈建飞
浙江省台州医院胸外科

序（四）

英语中有句谚语"You should never meet your heroes(君之仰者，宜相念、勿相见)"。其寓意是，偶像们通常因其成就而被人顶礼膜拜、推崇备至，但在现实中遇到他们本尊的时候，你却可能会大失所望，理想破灭所带来的创伤往往令人难以想象。

我对自己的学医生涯感到非常的幸运。我遇到了国际胸心外科界几乎所有的大师，并且和他们成为挚友。那些撰写了经典外科学著作(在实习医生时期拜读过的、佩服之至的著作)的大师们，现在成了临床研究中的合作者、学术委员会中的同僚、论文中的共同作者⋯⋯甚至是一起开怀畅饮的好友！那真是一种无法形容的美妙感觉。你知道吗，我从来没有对我所遇到的偶像失望过。看来古语在此失效了，因为每一个杰出的胸外科医生也恰好都是杰出的人——这真是一个幸福的巧合。

显然，本书将赋予你一个邂逅你的学术偶像并分享他们心得的机会。在一个轻松的非正式的场合中(就如同喝杯咖啡或啤酒那般)，当今国际胸外科领域的顶尖专家们将会分享他们的思想和见解。通过这些交流，你可以聆听他们直接深入的快人快语与肺腑之言，而不是发表在正式期刊上的那些僵硬死板的八股文。

问题在于，如果你真的遇到了你的偶像，你想好要聊些什么了吗？恭维他们所获得的成就显然是在浪费时间，因为那些你能从论文和书本上获知。对我来说，聊些专家们尚未发表的话题更有吸引力。众所周知，期刊上不会刊登那些看起来异想天开的臆测，教科书上也不会出现专家们的随笔漫谈。然而那些外科大牛们毕竟也属于芸芸众生，若有合适的机会他们也常有很多新奇的想法愿与别人分享。本书中的访谈恰恰提供了这样宽松愉快的机会，而无需像严肃的科学论文那样循规蹈矩、约束多多。他们坦诚的观点或许会让你大吃一惊、大开眼界！每一个访谈将带给你心目中的偶像在光环下的真容，这正是我想向你们推荐的。

在本书的一次访谈中，我被要求聊聊关于"裸眼3D"。虽然我自己还没有使用过这种非常先进的设备，并且在3D方面经验寥寥。但是，我从一名经验丰富的胸腔镜外科医生的角度出发，深入探讨了现代科技是如何融入当今胸外科临床领域之中的。讨论进展的深度令人感到惊喜，同时在此过程中我也受益匪浅。这是体现本书效果的一个很好的例子。当你遇到造诣深厚的外科大师们本着严谨治学的精神而在正式论文中欲言又止的时候，本书给了你一个领略他们畅所欲言、开阔眼界的机会。

我希望本书所能带给你的就像我遇到自己的学术偶像般那样受益终生。带上你最爱的饮品，打开这本书，静静地安坐，细细地品位。享受本书中的每一次访谈吧，就仿佛你邂逅了胸外科大师们并和他们作了一次近距离的交谈。这种感受将会非常美妙，直到某一天你在现实中真的遇到了心目中的偶像大师!

Alan D. L. Sihoe

MBBChir, MA(Cantab), FRCSEd(CTh), FCSHK, FHKAM, FCCP

Clinical Associate Professor, Department of Surgery, The University of Hong Kong

Chief of Thoracic Surgery, The University of Hong Kong Shenzhen Hospital

Guest Professor, Tongji University Shanghai Pulmonary Hospital

（译者：汪灏，复旦大学附属中山医院胸外科主治医师，外科学博士）

目 录

第一部分　名家对话：碰撞见真知

周星明、陈奇勋：
"仁、勤、技"是外科医生的三把"刀" ………………………………… 2

Eugenio Pompeo、刘君：
谈 Tubeless VATS ………………………………………………………… 4

Cesar Bonome、董庆龙：
Tubeless VATS 中麻醉师与术者配合很重要 ………………………… 6

Diego Gonzalez-Rivas，Alan Dart Loon Sihoe：
单孔看世界 ………………………………………………………………… 8

Gaetano Rocco、李鹤成：
单孔胸腔镜手术的中欧差异 …………………………………………… 10

Marcin Zielinski、赵德平：
单孔胸腔镜的手术入路 ………………………………………………… 12

陈克能、何建行、Robert J. Cerfolio：
机器人手术劣势之我见 ………………………………………………… 14

Stephen Cassivi、刘伦旭：
SBRT *vs.* 手术？ ………………………………………………………… 16

王牌对王牌：
第四届亚洲单孔胸腔镜论坛中外专家争鸣 ………………………… 18

Gunda Leschber, Paul De Leyn：
E-Bus，纵隔镜 or VALAM？ ………………………………………… 20

Calvin Ng、张兰军：

孤立性肺小结节的识别和定位技巧⋯⋯⋯⋯⋯⋯⋯⋯⋯⋯ 22

第二部分　大医精诚：仁心知仁术

于振涛：

食管癌淋巴结转移的特殊性⋯⋯⋯⋯⋯⋯⋯⋯⋯⋯⋯ 26

王述民：

从科幻到现实，机器人手术探索之旅⋯⋯⋯⋯⋯⋯⋯ 30

王继勇：

简自发性气胸⋯⋯⋯⋯⋯⋯⋯⋯⋯⋯⋯⋯⋯⋯⋯⋯ 33

王群：

临床研究那点事儿⋯⋯⋯⋯⋯⋯⋯⋯⋯⋯⋯⋯⋯⋯ 35

支修益：

用事实说话才能造福患者⋯⋯⋯⋯⋯⋯⋯⋯⋯⋯⋯ 37

方文涛：

切除更少肺组织真的有助于提高生活质量吗?⋯⋯⋯⋯ 41

方文涛：

扣人心弦的 Master Cup，历史性的首胜⋯⋯⋯⋯⋯⋯ 44

方文涛：

胸腺瘤研究，小荷才露尖尖角⋯⋯⋯⋯⋯⋯⋯⋯⋯⋯ 46

申翼：

达芬奇机器人的应用是胸外科手术的一种趋势⋯⋯⋯⋯ 48

朱余明：

攻破高难度全腔镜手术从突破心理开始⋯⋯⋯⋯⋯⋯ 51

乔坤：

让快速康复理念促进胸外科和呼吸科专业融合……………………… 52

乔贵宾：

外科医生的"脑"比"手"更重要……………………………………… 56

乔贵宾：

胸外科行业求贤若渴…………………………………………………… 63

刘宏旭：

如履薄冰，如临深渊…………………………………………………… 64

刘伦旭：

胸腔镜外科，从蹒跚学步到快步如飞………………………………… 66

刘彦国：

手汗症研究，探索中前行……………………………………………… 68

刘家全：

单孔胸腔镜手术，越微创越好？……………………………………… 72

刘德若：

莫忘少年志，莫畏行医难……………………………………………… 76

李小飞：

中国建立数据库势在必行……………………………………………… 79

李印：

食管癌外科治疗面临的挑战…………………………………………… 81

李章铭：

机械臂辅助手术优缺点共存…………………………………………… 85

李章铭：

两岸人民同文同种，共创美好………………………………………… 87

李辉：
严于术前，精于术中，勤于术后·· 89

李德闽：
"达芬奇"助力外科，手术步入微创时代······························ 92

杨跃：
将胸外科医生培养成医教研全方位人才······························ 97

吴一龙：
共探基于 NGS 的精准医疗·· 98

吴楠：
浅谈肺癌管理的 SOP··· 100

何建行：
优化腔镜技术，加速患者康复··· 102

何建行：
大道至简，让患者恢复更快速，更简单······························ 104

初向阳：
外科，能以最快的方法解除患者的痛苦······························ 106

张兰军：
精准医疗东风顺势而来·· 108

张兰军：
电磁导航 (ENB) 成就精准外科··· 112

张兰军：
新技术、新媒体助推医疗发展··· 117

张逊：
医生要终身学习，付出会有收获·· 119

陈龙奇：
语言或有碍，内容始为重…………………………………………… 123

陈克能：
MDT in thoracic oncology, we are on the way………………………… 126

陈克能：
胸腺瘤大数据——中国声音 (ChART) 大放异彩……………………… 133

陈海泉：
Bilateral exchange, mutual benefit…………………………………… 135

陈椿：
SBRT 联合手术或成未来治疗方案…………………………………… 140

邵文龙：
裸眼 3D 技术让学习曲线缩短………………………………………… 143

范军强：
未来发展之复杂病例的胸腔镜手术治疗……………………………… 145

赵晓菁：
具备"犯贱"精神，勇于挑战新事物………………………………… 147

姜宏景：
内心强大方能走到最后………………………………………………… 150

顾春东：
液体活检和二代测序开始步入中国临床……………………………… 152

殷伟强：
裸眼3D技术，一个革命性的进展…………………………………… 154

曹庆东：
患者安全最重要………………………………………………………… 156

矫文捷：
浅谈胸外科手术的现状与发展 ································· 159

康明强：
提高技术，造福患者 ································· 161

韩泳涛：
胸外科给我的成就感无可替代 ································· 164

傅剑华：
食管癌综合治疗有待进一步推动 ································· 169

蔡开灿：
Tubeless VATS 成现实，患者大获益 ································· 172

蔡开灿：
以南医之名，迎天下之宾 ································· 176

蔡开灿：
话食管癌诊疗争议，聊医路心得 ································· 179

谭黎杰：
单孔胸腔镜的前景是美好的 ································· 181

熊飞：
胸腔镜气管隆突高难度手术是亮点也是挑战 ················ 183

第三部分　国际视野：一花看世界

Adrian Ooi：
心态与耐心的重要性 ································· 186

Alan D.L Sihoe：
glasses-free 3D VATS, one hindrance gone？ ················ 188

Antonio Martin-Ucar：
能做自己热爱的事是很幸运的……………………………………………………… 189

Bernard Park：
Love the technical aspect of surgery……………………………………………… 191

Brian Louie：
Like the technical aspect of being a surgeon………………………………………… 193

Christopher Cao：
VATS 国际多中心合作项目……………………………………………………… 195

David R. Jones：
愿意承受质疑…………………………………………………………………… 196

David Sugarbaker：
人工智能很强，却很难替代人类给予患者希望………………………………… 198

Diego Gonzales-Rivas：
单孔 VATS 技术日趋重要………………………………………………………… 200

Enrico Ruffini：
胸腺瘤研究新进展——基于国际数据库的协作……………………………… 202

Eric Lim：
外科能使患者更好地获益………………………………………………………… 203

Frank Detterbeck：
罕见疾病研究更需关注亚组群体………………………………………………… 205

Gonzalo Varela：
Be a doctor first and then a surgeon……………………………………………… 207

Henrik Jessen Hansen：
心胸外科的魅力在于充满挑战…………………………………………………… 209

Javier Gallego：
单孔胸腔镜手术在心外科中的应用 ·· 211

Joel Dunning：
Surgery keeps you active and exciting ·· 213

Keng Leong Ang：
在何建行教授团队的 fellowship 经历 ·· 215

Kyle Hogarth：
电磁导航支气管镜技术之美国经验分享 ·· 216

Mahound Ismail：
不仅仅是热爱单孔胸腔镜手术 ·· 218

Robert Korst：
全胸腺瘤切除术后化疗疗效有待考究 ·· 220

Jens C. Rückert：
假如重新选择，我还会选择外科 ·· 222

Scott J. Swanson：
当我们谈论机器人时，VATS 目前仍为主导 ·································· 224

Simon YK Law：
综合治疗时代中的食管外科 ·· 226

Steven DeMeester：
Focus on the long-term outcomes ·· 228

Takuya Nagashima：
I want to do my best for lung cancer patients ·································· 230

Tomoyuki Hishida：
Surgical outcome of thymic carcinoma ·· 232

Toni Lerut：

比利时胸外科医生的中国行……………………………………………… 234

Tristan D. Yan：

微创心胸外科手术之见…………………………………………………… 236

Walter Weder：

我一直为手术着迷………………………………………………………… 236

潘常青：

将"上海胸科"建设成国际品牌………………………………………… 240

第一部分

名家对话：碰撞见真知

视频访谈

周星明、陈奇勋：
"仁、勤、技"是外科医生的三把"刀"

编者按：2015年12月5日，"2015年浙江省胸腹部肿瘤多学科综合治疗高峰论坛暨浙江省肿瘤学学术年会"于杭州顺利召开。本次会议围绕胸腹部恶性肿瘤的诊治展开了热烈讨论，并邀请国内外著名肿瘤学专家作了有关新进展、新技术的学术报告。会议期间，AME出版社邀请了浙江省肿瘤医院大外科主任周星明教授和胸外科主任陈奇勋教授接受采访。

周星明，教授，浙江省肿瘤医院大外科主任，胸外科技术顾问，主任医师。目前担任中国抗癌协会食管癌专业委员会委员、浙江省抗癌协会理事、浙江省医师协会胸外科分会副会长、浙江省抗癌协会食管癌专业委员会主任委员、浙江省抗癌协会肺癌专业委员会委员、中国胸腺肿瘤协作研究中心（ChART）委员、浙江省医学会肿瘤外科分会副主任委员。

本次会议上，周教授分享了浙江省肿瘤医院多学科协作团队（MDT）在局部晚期食管鳞癌治疗上的经验，并在采访中指出：每个学科各有特点，如何就一种疾病在多个学科中达成共识已成为MDT实践中最大的挑战。在浙江省肿瘤医院，每周都会就现有病例展开MDT讨论会。采访视频中，陈教授也与我们分享了食管癌腹部淋巴结清扫的技巧。他指出：由于化疗在腹部较难起作用，因此腹部淋巴结清扫显得尤为重要。

关于接下来的研究方向，周教授提到，在胸部肿瘤外科治疗方面，开放手术和微创手术等在疗效方面还大有可为，值得继续研究。陈教授则谈到了食管癌未来的发展方向。他表示，在外科方面，我们应注重如何提高手术效果、减少并发症，提高患者生存质量；另一方面，则需要与其他科室合作，寻求更多的其他治疗方法（除手术外），从而找出最佳的治疗组合。

两位教授均为资历深厚的外科专家，谈到"外科医生所需要具备的素质"时，两位不约而同地笑了起来。他们表示，一名优秀的外科医生需具备以下几个条件：一为仁善，医者仁心，身为医生必须要有一颗仁慈的心和一腔奉献的热情；二为勤奋，外科医生需要有吃苦耐劳的精神，不断提高自己的学习能力和科研能力；三为

陈奇勋，教授，浙江省肿瘤医院胸外科主任，主任医师。目前，担任浙江省医学会心胸外科分会委员、浙江省抗癌协会食管癌专业委员会委员、浙江省抗癌协会肺癌专业委员会委员、中国医师协会胸外科分会浙江省工作部副主任兼秘书。

技巧，外科医生区别于内科医生的地方在于手术，提高自身手术技巧，兼修内科基础，方为成才之道。

采访问题

1. 周教授，你们团队在开展食管癌多学科综合治疗时遇到的最大的挑战是什么？你们医院平时是如何开展MDT合作的？
2. 陈教授，食管癌腹部淋巴结清扫的技巧，目前存在的差异、争议是什么？
3. 两位教授，你们团队接下来的研究方向是什么？
4. 作为一名合格的外科医生，需要具备哪些素质？

AME
Publishing Company

周星明、陈奇勋：
"仁、勤、技"是外科医生的三把"刀"

视频观看链接：
http://kysj.amegroups.com/articles/4047

（采访编辑：陈雪婷，AME Publishing Company）

Eugenio Pompeo、刘君：
谈 Tubeless VATS

编者按：2015年12月7日—11日，在广州举办的"首届Tubeless VATS国际学习班"上，意大利罗马第二大学医院胸外科专家Eugenio Pompeo医生和广州医科大学附属第一医院代表刘君医生接受了AME出版社的采访，探讨了非气管插管胸腔镜手术(Tubeless VATS)在两个团队中的应用与进展。

Eugenio Pompeo，意大利罗马第二大学医院胸外科副教授，罗马大学肺外科创新技术项目组首席专家，欧洲胸外科协会及美国胸外科协会会员。担任*The Annals of Thoracic Surgery, The European Journal of Cardiothoracic Surgery, Lancet Respiratory medicine and the Journal of Thoracic Disease*等杂志审稿人，是清醒状态下、非气管插管胸外科手术领域的先驱。

Eugenio Pompeo医生所在的意大利罗马第二大学医院胸外科和刘君医生所在的广州医科大学附属第一医院胸外科，都属于国际上最早开展非气管插管胸腔镜手术的团队。Eugenio Pompeo医生提出的非气管插管胸腔镜手术，强调患者的清醒状态，而刘君医生所在的团队，除了非气管插管胸腔镜手术，还提出了无管手术的概念，即无气管插管、无胸管、无尿管。在两个独立的视频采访中，AME出版社的采访编辑请Eugenio Pompeo医生和刘君医生分别介绍了他们团队所掌握的非插管胸腔镜手术方法。此外，两位医生不约而同地强调了团队合作的重要：每种新术式甚至每台手术的顺利实施，最重要的就是整个团队中每一个角色间的默契配合。

当被问到"Why did you choose to be a thoracic surgeon (为什么选择成为一名胸外科医生)"时，两位胸外科医生的回答是什么呢？请看采访视频。

刘君，主任医师，广州医科大学附属第一医院胸外科主任。

采访问题

Eugenio Pompeo

1. What is minimally-invasive anaesthesia thoracic surgery? How has it advanced historially in your country?
2. You talked about non-intubated and awake minor procedures. What are the main procedures?
3. What are the benefits of performing non-intubated and awake minor procedures. For example, what is the average length of the hospital stay following this procedure?
4. What is the indication?
5. What's the contraindication?
6. What is the secret for successful awake thoracic surgery?
7. What makes you become and love to be a surgeon?

刘君

1. 相对于其他微创胸外科手术，请问自主呼吸3D胸腔镜肺叶切除重建手术的优势有哪些？
2. 请问自主呼吸3D胸腔镜肺叶切除重建手术的适应证有哪些？
3. 这类手术有哪些常见的紧急情况？怎样预防和处理？
4. 这类手术在我国临床推广状况是怎样的？我们进一步应采取怎样的措施加强推广工作？
5. 是什么原因让您选择成为一名胸外科医生？您热爱这个职业的原因是什么？

Eugenio Pompeo、刘君：
谈Tubeless VATS

视频观看链接：
http://kysj.amegroups.com/articles/4001

（采访编辑：黄晓曼，AME Publishing Company）

Cesar Bonome、董庆龙：
Tubeless VATS 中麻醉师与术者配合很重要

编者按：2015年12月7日，"首届Tubeless VATS国际学习班"在广州医科大学附属第一医院举办，众多来自欧洲和国内的胸外科学者相聚一堂，共同学习和讨论无管微创胸外科手术的最新进展。学习班上，西班牙圣拉斐尔医院(San Rafael Hospital)的麻醉科医生Cesar Bonome和广州医科大学附属第一医院麻醉科的董庆龙医生共同接受了AME出版社的采访，并在中西文化碰撞下展开了关于麻醉科的讨论与思考。

Cesar Bonome，西班牙圣拉斐尔医院麻醉科主任医师，麻醉及重症医学专家，在术后急慢性疼痛领域有所建树。他拥有超过3年的无管胸外科麻醉经验。

在自主呼吸麻醉下的胸腔镜手术中，麻醉科医生扮演着非常重要的角色，是无管胸腔镜手术顺利实施的重要保障。Bonome医生有3年的无管微创胸外科手术经验，他认为此项手术是一个历史性的进步。作为一名麻醉师，他认为在无管微创胸外科手术中，麻醉师与外科医生间的密切合作对于手术的成功非常关键。而从2011年就开始探索和实践自主呼吸麻醉下胸腔镜手术的董庆龙医生除了介绍中国无管胸腔镜手术中麻醉的发展现状外，更是毫无保留地分享了他的一些个人经验。

在此次学习班的交流授课中，Bonome医生对于广州医科大学附属第一医院开展的无管微创胸外科手术印象非常深刻，也从中得到了启发。他认为无管微创胸外科手术的前景非常广阔。在采访中，董庆龙医生和Bonome医生就"椎旁阻滞"等麻醉方式进行了探讨。

董庆龙，主任医师、广州医科大学附属第一医院麻醉科科主任。中华医学会器官移植麻醉学组委员、中华医学会广东麻醉学会常委、普胸麻醉学组组长、广东省麻醉医疗质量控制中心专家组成员、中华医学会广州麻醉学会副主委。

采访问题

Cesar Bonome

1. What is the anesthetic management for patients undergoing non-intubated VATS?
2. What anesthetists will do during the non-intubated VATS?
3. Do you have any suggestions for anesthetics to communicate better with surgeons?
4. When did you become interested in Tubeless VATS?
5. What impresses you most during the study course?

董庆龙

1. 请对您今天的演讲作一个简短的介绍。
2. 请问目前中国Tubeless VATS中麻醉的发展现状是怎样的？
3. 西班牙专家提到了"椎旁阻滞"，您对此有什么了解？
4. 根据您的经验，您觉得国外专家有哪些方面是值得我们学习的？
5. 您觉得您在麻醉方面克服了哪些困难？

AME Publishing Company

Cesar Bonome、董庆龙：
Tubeless VATS中麻醉师与术者配合很重要

视频观看链接：
http://kysj.amegroups.com/articles/4005

（采访编辑：江泳施、袁舒，AME Publishing Company）

视频访谈

Diego Gonzalez-Rivas，Alan Dart Loon Sihoe：
单孔看世界

编者按："第三届国际单孔胸腔镜手术研讨会"于2016年3月16日—18日在柏林成功举行。作为欧洲为数不多的单孔胸腔镜手术培训班，虽然只有短短3天，却带来了不少思想的碰撞。在我们对专家的采访中，时常会问他们一个问题：您怎么看待胸腔镜未来发展或胸外科的发展趋势？虽然这是个开放性问题，却多少希望专家会回答某一种手术方法将脱颖而出。无疑，单孔手术会越来越流行，至少在未来几年它的发展是毋庸置疑的。在坐车前往"第三届国际单孔胸腔镜手术研讨会"会场的途中，两位胸腔镜大师Diego Gonzalez-Rivas和Alan Dart Loon Sihoe接受了AME出版社编辑的采访，畅谈其内心对单孔胸腔镜的思考。

Diego Gonzalez-Rivas, M.D, FECTS (Uniportal VATS), Department of Thoracic Surgery, Coruña University Hospital, Coruña, Spain.

　　单孔胸腔镜手术和自主呼吸麻醉两者最早的"珠联璧合"可以说得益于2012年Diego和何建行教授的相识。当年Diego在广州医科大学附属第一医院胸外科学习了自主呼吸麻醉手术，之后很多单孔手术都是在自主呼吸麻醉下完成的。奈何单孔手术还是单飞了。有一次采访Diego，问到"是否会推广单孔手术+自主呼吸麻醉手术"时，他显然有些迟疑，表示自主呼吸麻醉手术的适应证虽然比较多，但并不是所有情况都适用。

　　颇有点像歌坛，单孔一支独秀地唱了几年，粉丝有增无减。

　　在这场单孔运动中，Alan Sihoe教授似乎始终保持着清醒的认识。前不久，他就"the reasons not to do uniportal VATS"一题作会议报告，得到与会专家的一致好评。在这次会议上，Alan Sihoe教授的讲题是"Cost saving strategies in Uniportal VATS"和"Personalized surgery for lung cancer"，报告给我们更多的是思考：作为外科医生，我们最care的是什么？患者！Patient comes first！

Alan Dart Loon Sihoe (Thoracic Surgery), MBBChir, MA (Cantab), FRCSEd (CTh), FCSHK, FHKAM (Surgery), FCCP, Department of Surgery, The University of Hong Kong, Queen Mary Hospital, Hong Kong, China.

　　这次会议的所在地WEBLAB是德国与波兰边境一个安静的小村庄，经过一个多小时的车程，我们终于抵达目的地。让我们听听Diego和Alan内心对单孔胸腔镜的看法。

采访问题

1. Why do you love uniportal VATS surgery?
2. How popular is uniportal VATS in Europe and Asia?
3. When did you first perform uniportal VATS?
4. Is experience with conventional VATS is needed before doing uniportal VATS?
5. What is the challenge in promoting uniportal VATS further?
6. What do you think is the future development of uniportal VATS? Unoportal Non-intubated surgery?
7. Do you have any suggestions for the young surgeons?

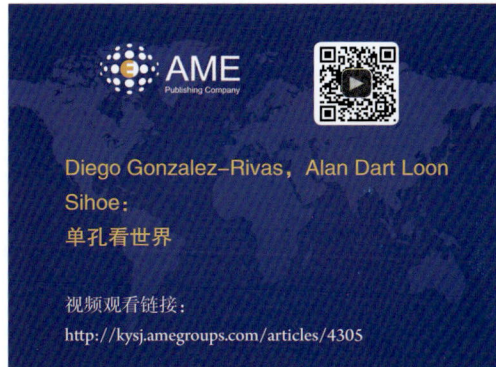

AME Publishing Company

Diego Gonzalez–Rivas，Alan Dart Loon Sihoe：
单孔看世界

视频观看链接：
http://kysj.amegroups.com/articles/4305

（采访编辑：黎少灵，AME Publishing Company）

Gaetano Rocco、李鹤成：
单孔胸腔镜手术的中欧差异

编者按： "第三届国际单孔胸腔镜手术研讨会"于2016年3月16日—18日在柏林成功举行。此次会议上，自发酝酿组织的"uniportal community"又得到了进一步发展。单孔手术医师都被亲热地称呼为"uniportal guy"，因单孔而聚在一起。作为国际单孔胸腔镜手术领域的后起之秀，李鹤成教授向编者透露，素仰Rocco教授之名，今乃得以相识。本着"最大限度传递会议精神的理念"和续写"邂逅于单孔"的故事，我们特别邀请Rocco教授和李鹤成教授就单孔胸腔镜手术来了一场中欧对话。本次访谈围绕双方的单孔胸腔镜经验展开，探讨了单孔胸腔镜手术的中欧差异。

Gaetano Rocco, MD, FRCS (Ed), FETCS, FCCP. Department of Thoracic Surgery and Oncology, National Cancer Institute, Pascale Foundation, Naples, Italy.

采访问题

1. Hi Dr. Rocco, as you are the pioneer in uniportal VATS, would you like to share with when did you first brought up the concept of uniportal VATS?

2. Could Dr. Li please introduce your experience with uniportal VATS in Ruijin hospital?

3. Theoretically, all thoracic surgery can be done by uniportal VATS, right?

4. In terms of indications and techniques, any difference between Asia and Europe?

5. We were honored to have Dr. Rocco as the judge of the uniportal VATS video contest in 2015 and Dr. Li was one of the winners of the contest. This year, the contest is upgraded to international one focusing on both uniportal VATS and traditional VATS surgery. What would you expect to see in the videos?

李鹤成，教授，博士，上海交通大学附属瑞金医院胸外科主任。

7. To Dr. Rocco: can we start uniportal VATS directly from open surgery or should we do it step by step from open, three ports, two ports and then single port?

Gaetano Rocco、李鹤成：
单孔胸腔镜手术的中欧差异

视频观看链接：
http://kysj.amegroups.com/articles/4286

(采访编辑：黎少灵，AME Publishing Company)

Marcin Zielinski、赵德平：
单孔胸腔镜的手术入路

编者按：2016年3月16日—18日，由德国柏林Charité大学医院、西班牙拉科鲁尼亚大学医院以及同济大学附属上海市肺科医院共同主办的"第三届国际单孔胸腔镜手术研讨会(the 3rd International Uniportal VATS Course)"在德国柏林Campus Charité Mitte (CCM)成功举办。会议上，来自波兰肺科医院的Marcin Zielinski医生与来自上海市肺科医院的赵德平医生分别就单孔胸腔镜手术中的经颈入路与剑突下入路话题进行了精彩演讲。会后，Dr. Zielinski与赵德平医生受AME出版社的邀请，同时接受采访，与我们分享了他们对于单孔胸腔镜手术不同入路的看法与经验。

Marcin Zielinski, MD, PhD,Dr. Marcin Zielinski is the surgeon of Department of Thoracic Surgery, Pulmonary Hospital, Zakopane, Poland. Since 1996, he has been Head of the Department of Thoracic Surgery and since 2004, also Director of the Pulmonary Hospital in Zakopane.

采访中，赵德平医生与Zielinski医生分别就单孔胸腔镜手术的剑突下入路与经颈入路分享了各自看法，相信会让大家获益良多。而谈及较常使用的入路方式时，Zielinski医生则建议应该具体情况具体分析，结合患者情况，灵活采用对策。

采访最后，赵德平医生请Zielinski医生介绍了其从医生涯的经验，并对年轻医师提出了建议。Zielinski医生认真思考后向大家介绍了宝贵经验——不满于现状，从失败中学习并进步。

赵德平，副教授，医学博士，上海市肺科医院胸外科副主任医师，从事胸外科的临床工作18年，擅长单孔胸腔镜治疗各种肺部疾病，比如纵隔肿瘤、气胸、肺大泡、胸膜疾病等。2014年起率先在国内开展了经剑突下单孔胸腔镜手术治疗早期肺癌等肺部疾病。发表论文20余篇，参与编写专著3部。作为课题负责人主持国家自然科学基金和上海市卫生局课题各1项，参与"863"和上海市科委课题多项。2011年获得上海市卫生系统青年人才最高荣誉奖——银蛇奖。被评为上海市肺科医院服务明星、优秀青年职工、值得患者信赖的好医生。

采访问题

1. Dr. Zielinski, Yesterday, you have shared with us a presentation on trans-cervical approach. Here would you like to share with us the chanllenges and advantages of trans-cervical approach in Uniportal VATS?

2. Dr. Zhao, would you like share with us the advantages and limitations of subxiphoid approach in Uniportal VATS?

3. Dr. Zielinski, what would be your perspective on the subxipoid approach of Uniportal VATS shared by Dr. Zhao?

4. Dr. Zhao, what's your perspective on the trans-cervital approach of Uniportal VATS shared by Dr. Zielinski?

5. Dr. Zielinski, what is the usual approach in Uniportal VATS in your hospital/country?

6. Dr. Zhao, what would be the usual approach in Uniportal VATS in your hospital?

7. Dr. Zielinski, would you like to share some inspirational experiences in your early experience as a surgeon?

8. Dr. Zielinski, what will be your suggestion to our young thoracic surgeons?

Marcin Zielinski、赵德平：
单孔胸腔镜的手术入路

视频观看链接：
http://kysj.amegroups.com/articles/4293

（采访编辑：高凤平，AME Publishing Company）

陈克能、何建行、Robert J. Cerfolio：
机器人手术劣势之我见

编者按： "AATS Focus on Thoracic Surgery: Lung and Esophageal Cancer 2016" 于2016年3月19日—20日在上海成功举行。本次会议胸外科名家云集，内容紧凑充实。在此盛会上，北京大学肿瘤医院的陈克能教授、广州医科大学附属第一医院的何建行教授以及美国阿拉巴马大学医院的Robert J. Cerfolio教授，共同接受了AME出版社的采访，围绕机器人手术这一话题展开了精彩的对话。

陈克能，教授，主任医师，博士研究生导师，北京大学肿瘤医院胸外一科主任，中国医师协会胸外科医师分会总干事长。

胸外科机器人手术已经越来越普遍，越来越多的医院、医生在开展这项技术。在不同的场合、不同的文章，大家争相讨论机器人手术的优势——切口小、恢复快、手术并发症少等。面对有"机器人医生"之称的Robert J. Cerfolio教授，以及两位来自中国的胸外科"大佬"——何建行教授和陈克能教授，采访的编辑大胆提出"胸外科机器人手术与一般的胸腔镜手术相比有哪些劣势？"这一问题，3位教授亦欣然地发表了自己的看法。谈到兴奋之处，教授们还举出了形象生动的例子，他们认为费用将不会是最大的问题。

何建行，教授，主任医师，博士研究生导师，广州医科大学附属第一医院院长、美国外科学院委员、美国胸心外科学会常务会员、欧洲胸心外科学会委员、英国皇家外科学院委员、中央保健专家。

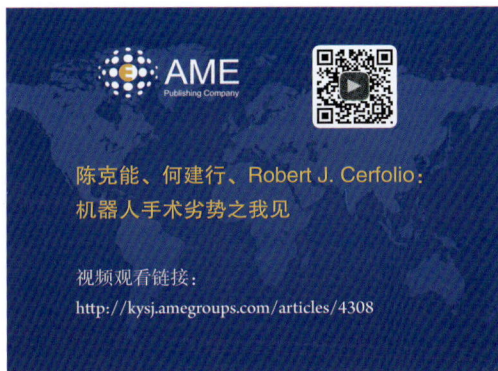

Robert J. Cerfolio，教授，美国阿拉巴马大学医院胸外科主任，国际机器人手术权威，共完成过万台胸腔镜手术，被称为全美最忙的胸外科医生。Cerfolio教授对胸外科患者围术期管理及病房运转效率提高也有独到见解，在ATS、JTCVS等胸外科著名期刊发表文章百余篇，其中很多文章已成为经典。

采访问题

Disadvantages of robotic thoracic surgery, compared with thoracoscopic surgery.

陈克能、何建行、Robert J. Cerfolio：机器人手术劣势之我见

视频观看链接：
http://kysj.amegroups.com/articles/4308

（采访编辑：王嘉慧，AME Publishing Company）

Stephen Cassivi、刘伦旭：
SBRT *vs.* 手术？

编者按： "AATS Focus on Thoracic Surgery: Lung and Esophageal Cancer 2016" 于2016年3月19日—20日在上海成功举行。会上，来自梅奥诊所的Stephen D. Cassivi教授作了精彩的报告，在报告中他穿插了一些富有中国味的元素与观众进行互动，显得颇为有趣。此外，他还借用白求恩与中国的友好关系寄望中外医生的友好交流。报告结束后，AME出版社邀请了他与来自四川大学华西医院胸外科的刘伦旭教授进行中外对话，其中包括讨论至今仍被热议的SBRT *Versus* Surgery等颇有争议性的话题。

Stephen Cassivi, Division of General Thoracic Surgery, Mayo Clinic, Rochester, Minnesota, USA. Dr. Cassivi served as Surgical Director of the Lung Transplantation Program at Mayo Clinic from 2004-2012. In 2013, Dr.Cassivi was appointed as Vice Chair of the Department of Surgery with responsibilities and oversight of the clinical practice.

采访问题

1. Surgery Versus SBRT? The treatment of early stage lung cancer has been a controversial topic. What is your opinion?

2. There was a lung symposium discussing the differences of education of young thoracic surgeons between North America, China and Europe. How do you see the differences? How do you think to better educate them?

3. You may have heard that recently the computer AlphaGo won in a Go-chess showdown against the world's top player. Some people say artificial intelligence may replace many roles of human in the future, including surgeons. How do you think?

刘伦旭，四川大学华西医院胸外科教授，擅长肺、气管、纵隔、食管疾病的外科为主的综合治疗，如肺癌、纵隔肿瘤扩大切除，特别是胸腔镜微创胸外科手术。在国内率先开展全胸腔镜肺癌根治术，在国际上创立了"单向式胸腔镜肺叶切除术"，使手术难度大的腔镜微创肺癌切除术变得简化易行，并在全国广泛应用。在国际上第一个完成了胸腔镜下肺动脉支气管双袖式切除成形治疗中央型肺癌。国际上率先开发出胸腔镜下有效处理大血管出血的"胸腔镜吸引侧压止血法"，解决了胸腔镜下出血处理难题。他还在国际上率先设计了腔镜下肺癌淋巴结清扫的"无抓持整块淋巴结清扫法"，使腔镜下肺癌淋巴结清扫易行、彻底。此外，他还在西南地区首先独立开展了肺移植手术。

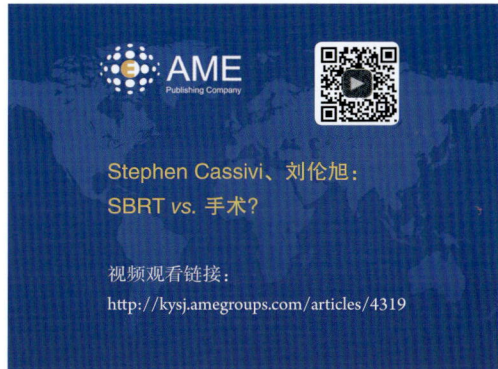

Stephen Cassivi、刘伦旭：
SBRT *vs.* 手术？

视频观看链接：
http://kysj.amegroups.com/articles/4319

（采访编辑：钟珊珊，AME Publishing Company）

王牌对王牌:

第四届亚洲单孔胸腔镜论坛中外专家争鸣

编者按: "第四届亚洲单孔胸腔镜论坛(ASPVS)" 于2016年4月9日—10日在中国台北国际会议中心举行。大会首日主要围绕亚洲单孔胸腔镜手术进展进行了探讨,次日为来自台大医院的现场手术展播。

Chia-Chuan Liu

Gaetano Rocco

Eric Lim

本次ASPVS会议特设以下4个Debate专场,邀请多位单孔专家各抒己见:

- Training for single-port VATS started from one or multi-port port/thoracotomy
- Segmentectomy for a 1.2 cm peripheral GGO lesions RUL posterior segment, multi-port VS single port VATS
- Conversion, enlarge the wound or add on more ports?
- Does single port thoracoscopic surgery reduce postoperative pain comparing with multi-ports thoracoscopic surgery?

会议日程紧凑,精彩议题让人意犹未尽。会后,Chia-Chuan Liu、Gaetano Rocco、Alan Sihoe、Eric Lim教授以及从台大医院手术室赶回来的Diego Gonzalez-Rivas和Jang Ming Lee教授共聚AME展位,为大家作了会议总结。台上的他们是单孔胸腔镜的主力军,也是我们熟悉的胸外科界"大牌",台下的他们则是一群可爱的学者,相互是好友,有时也会因为学术意见不同而展开"针锋相对"的讨论。

Diego Gonzalez-Rivas

Jang Ming Lee

Alan Sihoe

采访问题

1. Could Dr. Gozalez-Rivas and Dr. Lee please introduce your live surgery today?

2. Congratulations to you all on the successsful meeting. Could Dr. Liu share with us your impression on this conference as the conference presdient?

3. Regarding segmentectomy for a 1.2 cm peripheral GGO lesions RUL posterior segment, what would you recommend: multi-port vs. single port VATS?

4. In case of conversion during surgery, would you prefer enlarging the wound or adding on more ports?

5. Does single port thoracoscopic surgery reduce postoperative pain comparing with multi-ports thoracoscopic surgery?

AME Publishing Company

王牌对王牌：
第四届亚洲单孔胸腔镜论坛中外专家争鸣

视频观看链接：
http://kysj.amegroups.com/articles/4405

（采访编辑：黎少灵，AME Publishing Company）

Gunda Leschber, Paul De Leyn：
E-Bus，纵隔镜 or VALAM？

编者按："第二十四届亚洲胸心外科协会(ASCVTS)暨第四届亚洲单孔胸腔镜论坛 (ASPVS)"于2016年4月6日—10日在中国台北国际会议中心举行。会上，AME出版社学术记者、北京大学肿瘤医院的阎石医师以采访的形式，邀请ESTS前任主席、德国胸外科协会主席Gunda Leschber 教授和IASLC理事会成员Paul De Leyn教授就E-Bus，EUS，纵隔镜or VALAM 的问题进行了探讨。

Gunda Leschber, M.D, 2007, Member of the Board of the European Society of Thoracic Surgeons, ESTS; Member of the Board of the Professional Association of German Surgeons (BDC); Leader of the lung carcinoma project group at Berlin Tumour Centre; Deputy Chair of the Tumour Centre, Berlin-Buch; 2010/2011, President of the ESTS; Vice-President German Society of Thoracic Surgerey (2014)

采访问题

1. As is known, the procedure of E-Bus, EUS or mediastinoscopy is time-consuming. For a patient clinically confirmed as in N1 stage, whose PET/CT scan shows no FDG uptake in the mediastinal lymph nodes, could the patient skip E-Bus and mediastinoscopy in further examination?

2. For the concern of the accuracy rate of identifying lymph node metastasis by using E-Bus and mediastinoscopy, would there be any controversy about the unnecessary medical cost if E-Bus and mediastinoscopy were found negative?

3. Prof. Leschber has introduced about VAMLA in her talk. Would it be hard to make complete dissection of mediastinal lymph nodes given the limited space of VAMLA procedure?

4. For pathologically N2 patients, what is the indication for conventional mediastionscopy and VAMLA? Will the radical resection of lymph node provide survival benefit for patients?

5. It is recommended by European Society of Thoracic Surgeons (ESTS) to sample at least three different stations of mediastinal nodes. Considering the potential risk of needle aspiration, can we perform a selective biopsy based

on the location of tumor? For a patient with tumor located at the upper lobe, does he need biopsy in the 9th station of mediastinal lymph node?

Gunda Leschber、Paul De Leyn：
E-Bus，纵隔镜 or VALAM?

视频观看链接：
http://kysj.amegroups.com/articles/4388

（采访编辑：阎石，北京大学肿瘤医院胸外二科，AME特邀学术记者；黎少灵，AME Publishing Company）

Paul De Leyn, M.D, Ph.D, Thoracic Surgeon, Regent for Europe, University Hospitals, Leuven, Belgium; Professor (part-time) Faculty of Medicine; Head of Surgery Teaching Methodology and Practicals; Member (as senior academic staff) of the Council of the Faculty of Medicine; Member of the Council of the Department of Clinical and Experimental Medicine; Member in an advisory capacity of the Board of the Department of Clinical and Experimental Medicine; Member of Council of Regent, International Association for the Study of Lung Cancer (IASLC)

Calvin Ng、张兰军：
孤立性肺小结节的识别和定位技巧

编者按："第二十四届亚洲胸心外科协会(ASCVTS)暨第四届亚洲单孔胸腔镜论坛(ASPVS)"于2016年4月6日—10日在中国台北国际会议中心举行。本次会议云集了胸心外科领域的国际重量级专家，其中不乏中国学者的身影活跃于会场。秉承着快乐学术、促进交流的会议报道宗旨，AME出版社以展台为线下基地，在会议期间展开了一场"East meets West, junior meets Senior, KOL meets KOL (key opinion leader)"对话活动，邀请国内外优秀医师、学科意见领袖就相关热点话题展开访谈对话。其中，香港中文大学威尔士亲王医院的Calvin Ng教授和中山大学附属肿瘤医院的张兰军教授，围绕小结节的识别和定位技巧等话题展开了探讨。

Calvin Sze Hang Ng, BSc(Hons), MBBS(Hons), MD(Res) (Lond), FRCSEd(CTh), FCSHK, FHKAM(Surg), FCCP, Dr Ng is an Associate Professor in Cardiothoracic Surgery at Prince of Wales Hospital, The Chinese University of Hong Kong.

采访问题

1. After NLST study, LDCT screening is more and more frequently applied in Asian countries. In some observational studies, SPN can be detected in 10-15% screening cases. Could you share with us your strategies to deal with them?

2. VATS has become one of the most popular approaches to sublobar resection. It can bring many benefits to the patients, while there are some unpleasant experiences for surgeons. Specifically, it is difficult for palpation during the operation. Would you please share some tips about the identity of peripheral SPN?

张兰军，教授，主任医师，中山大学附属肿瘤医院胸外科主任，国际肺癌研究协会会员、中国医师学会胸外科医师分会委员、中华医学会广东胸心血管外科学学会委员、中华医学会广东创伤学会委员。

Calvin Ng、张兰军：
孤立性肺小结节的识别和定位技巧

视频观看链接：
http://kysj.amegroups.com/articles/4406

（采访编辑：钟珊珊，AME Publishing Company）

第二部分

大医精诚：仁心知仁术

于振涛：
食管癌淋巴结转移的特殊性

编者按："中国医师协会胸外科医师分会2015年年会暨第六届全国胸外科学术大会"于2015年6月13日—14日在杭州召开。会上，天津医科大学附属肿瘤医院食管肿瘤科、胸二科主任于振涛教授接受了AME出版社的采访。访谈中，他就食管癌淋巴结转移、食管癌术中淋巴结化疗、食管癌新辅助治疗、基础研究和精准治疗等话题，给出了深刻而精辟的见解。

于振涛，教授，博士研究生导师，现任天津医科大学附属肿瘤医院食管肿瘤科主任，是中国抗癌协会食管癌专业委员会候任主任委员、中华医学会预防学会临床与预防学组副主任委员、中国抗癌协会肿瘤营养与支持专业委员会常委、天津市抗癌协会理事和 ESTS 会员，《癌症》《中华医学杂志》《中华胸心血管外科杂志》《中华临床营养杂志》《中国肿瘤临床杂志》(英文版)等期刊编委及审稿专家。

1 食管癌淋巴结转移并不像我们想象的那样

在"中国医师协会胸外科医师分会2015年年会暨第六届全国胸外科学术大会"上，于振涛教授作了关于"食管癌早期淋巴结转移的临床研究"的报告。在这一报告中，于教授指出了食管癌淋巴结转移的特殊性：食管癌的淋巴结转移并非像我们想象的那样，在肿瘤周围逐站转移。食管癌淋巴结转移具有跳跃性转移的特点，甚至在一些情况下首先易转移至更远处的淋巴结。这个报告的结果也相应地解决了一系列关于食管癌外科手术的具有争议性的问题。

于教授表示，早期淋巴结转移可被认为是pN1期淋巴结转移。pN1期指发生一个或者两个淋巴结转移。早期的淋巴结转移可能淋巴结并无显著增大。pN1期和pN0期相比，由于淋巴结发生转移而使得患者的预后具有本质区别。没有淋巴结转移的患者，其预后会更好。pN1期与pN2期、pN3期相比，由于淋巴结转移枚数少，故具有一定的生存优势。我所作的关于"食管癌早期淋巴结转移的临床研究"的报告主要讨论了淋巴结早期转移部位的问题，希望找出淋巴结转移部位的规律。比如，原发性食管癌早期发生淋巴结转移，那么这个淋巴结转移到了什么部位？肺癌总是先转移到肺内淋巴结、肺门

天津医科大学附属肿瘤医院(天津市肿瘤医院)是集医、教、研、防为一体的大型三级甲等肿瘤专科医院。该院在食管肿瘤，胸部肿瘤的诊断和治疗等方面见长，开展常规的食管肿瘤切除术、食管癌根治手术、肺叶切除术、全肺切除术和纵隔肿瘤切除术等，还进行了大量的难新手术。

淋巴结，再转移到纵隔淋巴结，再往锁骨或者远处淋巴结转移，这是一个正常的思维。但食管因为其解剖结构的不同，所以食管癌的淋巴结转移事实上并非像我们想象的那样，由近至远逐站转移。食管癌淋巴结转移具有跳跃性转移的特点，甚至在一些情况下首先易转移至更远处的淋巴结。所以，无论是上段、中段、下段食管旁的淋巴结，还是上纵隔淋巴结等都是淋巴结好发转移部位。这可以从一个角度解释了为什么食管癌手术需要进行彻底的淋巴结清扫。我们总是讨论食管癌是不是切掉瘤子就可以？是否需要做三野根治术？什么时候做三野？两野能不能替代三野？也有人提出了可以做选择性的三野。其实就是基于这个观点。这也就是说，即便是早期淋巴结转移，它也同样存在着向更远处转移的风险，而且有时向更远处转移的风险恰恰比发生在肿瘤周围的转移风险要高得多，这其实就是食管癌手术的风险所在。

2　食管癌术中淋巴化疗的临床研究

关于在此次会议中讨论的食管癌术中淋巴化疗的相关研究，于教授则表示："从我个人角度来说，我觉得术中淋巴结化疗不是一个好方法。如果是一个好方法的话，就一定会被推广的。有些研究选择5-FU作为化疗药物。事实上5-FU局部注射是无效的，它需要通过肝脏代谢之后才会发生效力。其次，有研究把5-FU和活性炭这类材料，或是纳米类的材料相结合，以达到吸附化疗药的目的。虽然化疗药可以吸附(因为这些是大分子，有空隙，可以吸收这些药)，但这些药在人体里是否按想象的那样释放，释放之后的活性如何，这都不是人为能控制的。由于它跟体液微环境、酸碱度甚至体温等身体中的多种因素有关，所以它的释放和活性很难控制。第三，由于已发生转移，往往会因为瘤栓堵塞淋巴管，导致术中淋巴结化疗药物有可能只进入了正常的淋巴结，而已发生癌细胞转移的淋巴结反而因化疗药物无法进入所以起不到化疗的作用。"

3 食管癌新辅助治疗：指征变宽，中期研究结果证明有效

于教授指出，现在食管癌新辅助治疗的指征越来越宽。过去我们术前治疗的观点是，对于肿瘤切除有困难的患者，我们才做术前治疗。现在即使是肿瘤切除得了的患者，也需要做术前治疗。目前在美国，除了可以做黏膜内切除的患者外，基本上都进行了术前治疗。所以在2000年以后，MD Anderson Cancer Center等治疗中心都开始让患者接受术前治疗，几乎覆盖到了100%的患者。

在此次大会上，闫万璞医生讲的"局部进展期食管鳞癌术前诱导化疗疗效和长期生存的增强CT评价"报告中，提到了CROSS研究，这个实验的研究结果也证明了术前治疗确实是有效的。我们国内的十几个单位，由傅剑华院长牵头，也做了一个研究。这个研究现在已经结束，正在等后期结果。但是通过中期结果我们发现，确实是做新辅助放化疗的这一组患者要比单纯手术的患者生存获益更多，而且缓解率非常高。

4 最好的基础研究应是，在临床实践中发现问题，通过基础实验帮助临床解决问题

于振涛教授曾在南丹麦大学医学院进修，从事干细胞的基础研究工作。回国后也进行了一系列关于肺癌和食管癌的基础研究，如食管癌基因损伤、食管癌标本切缘的基础研究、食管癌基因治疗、肺癌及食管癌相关基因的分离、肺癌及食管癌对应正常组织差异基因的分离、相关肿瘤易感基因的分析及生物学功能研究等。

于教授表示，事实上他们对食管癌的基础研究一直没停过。最近他才结题的一个国家自然科学基金项目就是关于食管癌基础研究的。他说道："基础研究是一定要做的。但是这些年基础研究好像是一个盲端，大家似乎都走进基础实验室去做实验，研究基因，研究通路，研究传导，研究凋亡……可是研究完之后，就把它们都扔掉了，对临床没有什么贡献。所以我觉得最好的基础研究应该是，从临床上发现问题，然后通过基础实验去帮助临床解决问题。其实今天闫医生也提到，他希望在新辅助治疗之前就能够判断哪一些患者适合做新辅助治疗，哪一些患者不适合。那么这种判断恐怕就需要从分子生物学的角度来解决，但是目前还没有很好的标志物来提示我们哪类患者适合做新辅助治疗。真正好的科研，例如在食管癌的新辅助治疗方面的研究，就是需要解决某些实际问题从而帮助临床实践。其实你不需要一定要找到一个特别强的指标来说明做新辅助治疗好，这个很难找到，但是如果你可以找到一个特别强的指标来说明做新辅助治疗不好，同样是一个贡献。比如说，你找到某个指标说明这类患者不适合做新辅助治疗，只适合开刀，那同样解决了一个很大的问题。"

5　精准治疗：炒概念

关于最近炒得火热的"精准治疗"，于教授也给出了精辟的见解。他说道，大家往往喜欢去炒概念，为了博得一些观众，一些掌声。其实所谓的"精准"只是一种提法，可能因为这句话是奥巴马说的，所以格外地引起大家的注意。但事实上"精准治疗"所表示出来的概念，就是我们前些年里一直强调的"规范化治疗、个体化治疗"。只不过奥巴马给大家总结了一下，规范到了一个词，叫做"精准治疗"。这些我们从很多年前开始就一直在做。比如说肺癌，那么小的GGO，各个不同部位的小的肿瘤怎么处理，手术是做段切，还是楔形切除？切多少？淋巴结是采样还是系统地清扫？还有，例如，肺癌患者，根据肿瘤基因不同的突变状态，可以选择不同的靶向治疗药物。实际上，很多这方面的研究和实践我们早就已经在进行了。

（采访编辑：何朝秀，AME Publishing Company）

AME通讯邮箱：kysj@amegroups.com
受访专家工作邮箱：yuzhtao@hotmail.com
科室秘书处电话：022-23340123
科室地址及邮编：天津市河西区体院北环湖西路，邮编：300060

王述民：
从科幻到现实，机器人手术探索之旅

编者按：还记得电影《异形》里女主角通过医用机器人为自己施行剖腹产手术，将胎儿取出的科幻场景吗？然而这不仅仅是科幻，早在20世纪90年代，机器人手术就已经从科幻作品中走出，开始应用于临床，并取得了一定的成绩。路漫漫其修远兮，吾将上下而求索，人类的想象力没有极限，医学创新之路亦无止境，这次，AME出版社有幸对曾获得国际机器人协会授予的"亚洲达芬奇机器人胸外科引领者"奖杯的沈阳军区总医院胸外科王述民教授进行了专访，走近他的机器人手术探索之旅。

王述民，教授，主任医师，硕士研究生导师。现任沈阳军区总医院胸外科(沈阳军区胸腔镜微创外科中心)主任。

和所有突破性创新一样，医用机器人也经历了曲折的发展阶段。1994年，第一款能用于微创手术的医用机器人产品Aesop机器人诞生，作为最初级的医用机器人，其具有简单扶镜功能；1995年，Zeus手术机器人系统实现了医生远距离控制机器人进行精细手术操作和稳定的器械抓持等动作；1997年，美国Intuitive Surgical公司推出了Da Vinci系统并在2000年获得美国食品与药品管理局(FDA)批准用于人体；2006年，解放军总医院引进国内第一台达芬奇机器人并由该院高长青教授团队在2007年完成了国内第一例机器人心脏手术；2011年，沈阳军区总医院引进了东北最早的一台手术机器人，并开始了其在普外科、胸外科、心外科、肝胆外科、泌尿外科等多科室的应用探索之路。据沈阳军区总医院王述民教授介绍，机器人手术具有以下优势：

1　安全性更高

达芬奇机器人手术系统具有的手术视野为三维立体图像，手术视野图像可以被放大10~15倍，能够提供真实比例为16：9的全景三维图像。具有电视胸腔镜所不具有的优势，可以提高手术安全性，从而保证患者顺利"下台"。

沈阳军区总医院坐落于沈阳市沈河区文化路83号、立交桥东侧100米处，始建于1948年11月，是一座集医疗、保健、科研、教学为一体的现代化综合性"三级甲等"医院。沈阳军区总医院胸外科创建于1987年，2000年被沈阳军区联勤部批准为"沈阳军区胸腔镜微创外科中心"。现已成为医疗、教学、科研三位一体的科室。

2 操作更精细

达芬奇机器人手术系统的操作手臂腕部有可自由活动的手术器械，每种器械有具体的手术任务，如转动、夹持、分离和缝合等操作，有7个自由度，可以模仿外科医生手和手腕的动作，具有比人手所具有的5个自由度更加灵活的优势，使得手术操作更加灵活、方便；该系统具有人手抖动消除系统和动作定标系统，可保证机械臂在狭小的手术野内进行精确的操作。比如，在肺癌、食管癌手术中，借助机器人手术系统，可以更彻底地清扫淋巴结，提高患者长期生存率。

3 微创化

达芬奇机器人手术系统的进镜口troca直径仅为12 mm，操作孔troca直径仅为8 mm，手术创伤明显减小、术中对肋间神经的压榨性创伤明显减轻。借助机器人，手术切口可以缩小，出血少，术后疼痛感较轻，恢复快。

4 减少医生手术疲劳

机器人手术中，术者是坐着来操控机器人的，可以减少其脖子、肩膀和腰的负担，极大地减轻了医生手术的疲劳度，患者也能从中获益。

尽管机器人手术系统存在一些不足，比如缺乏力反馈(术者对于牵拉血管、钳夹组织等操作无力反馈)、价格高、患者总费用高等，但王述民教授仍充分肯定了机器人手术的前景。目前，美国已有3 000多台达芬奇机器人，而我国仅有57台。王教授认为，随着国家相关政策的放开与支持，可能会有越来越多的医疗机构引进机器人手术系统，但需注意的是，开展机器人手术对医疗机构的规模、患者数量都有一定要求，医疗机构必须已具备成熟的胸腔镜技术和经过专业机器人手术培训的技术人才。王教授回忆起自己从香港培训归来，于2011年3月4日开展首台机器人手术——一例右前上纵隔肿瘤切除术的情景，不同于培训时都是在动物身上进行操作，当时心里只有一个想法，那就是"谨慎、谨慎、再谨慎！"

迄今，王教授已开展机器人手术近750余例，成功率为100%，手术台数居亚洲之首，由其主编的英文医学专著*Robotic Thoracic Surgery*亦在今年由AME出版社正式出版。该书编委团队汇聚了39位来自世界各地的顶尖机器人手术专家，开篇即为全球单孔胸腔镜开拓者、西班牙单孔胸腔镜手术集大成者 Diego Gonzalez-Rivas 教授执笔的 "Evolving thoracic surgery: from open surgery to single port thoracoscopic surgery and future robotic"，全书涉及了机器人手术中的麻醉、手术费用、肺切除术、纵隔切除术，内容翔实、图文并茂。谈及这本书，王教授亦是充满了自豪："近年来，我们中国在机器人手术领域拿出了成绩，也获得了国际专家的认可，这是这本书诞生的重要条件之一。机器人手术还处于快速发展的阶段，这次主编这本书，可谓是将自己这几年在这个领域积累的经验、遇到的技术问题和解决方案倾囊而出，供胸外科同道借鉴，也欢迎各位对文章的观点进行批评指导，共同进步。"

（采访编辑：李媚，AME Publishing Company）

AME通讯邮箱：kysj@amegroups.com
受访专家工作邮箱：sureman2003congo@163.com
科室秘书处电话：024-28897540
科室地址及邮编：辽宁省沈阳市沈河区文化路83号，7号楼16楼，110016

王继勇：
简谈自发性气胸

编者按：由广东省医疗行业协会胸外科管理分会主办的"第二届广东省医疗行业协会胸外科管理分会年会暨基层医院胸外科行业发展论坛"于2015年12月26日在广州东方宾馆召开。会议盛情邀请了30余名我国胸外科领域的顶级专家就胸外科常见病的治疗和学科建设进行了演讲。

王继勇，医学博士，硕士研究生导师，副主任医师，副教授，广州中医药大学第一附属医院心胸血管外科主任。

会上，AME出版社的编辑采访到了来自广州中医药大学第一附属医院心胸血管外科的王继勇教授。访谈中，王教授跟我们分享了自发性气胸的诊治现状并简要概括了原发性自发性气胸和继发性自发性气胸。谈及自发性气胸治疗过程中的注意事项，王教授认为最重要的是具体问题具体分析，而治疗后的随访也必须定期进行。最后，王教授也对心胸外科微创手术的发展前景进行了美好的展望。

采访问题

1. 自发性气胸的诊治现状如何？
2. 治疗过程中的注意事项有哪些？
3. 胸腔镜术后复发情况和影响因素？
4. 治疗后的随访如何进行？
5. 心胸外科微创手术的发展前景如何？

广州中医药大学第一附属医院是我国高等中医药临床教育、医疗、科研的重要基地之一，为全国首批三级甲等中医医院、示范中医医院和首批广东省中医名院。

AME
Publishing Company

王继勇：
简谈自发性气胸

视频观看链接：
http://kysj.amegroups.com/articles/4117

（采访编辑：陈雪婷，AME Publishing Company）

AME通讯邮箱：kysj@amegroups.com
受访专家工作邮箱：13802447736@139.com
科室秘书处电话：02036591136
科室地址及邮编：广州市机场路16号广州中医药大学第一附属医院心胸外科，510405

王群：

临床研究那点事儿

编者按："第四届国际胸部肿瘤西子论坛(国家级继续教育项目)暨胸部微创新技术、快速康复——气道管理学习班"于2015年11月11日—15日在杭州世外桃源皇冠假日酒店举办。会上，复旦大学附属中山医院胸外科王群教授接受了AME出版社的采访，与我们分享他在胸外科领域的故事。

王群，教授，复旦大学附属中山医院胸外科主任。现任中华医学会胸心血管外科学分会委员、中华医学会胸心血管外科分会胸腔镜学组组员、中华医学会胸心血管外科分会食管疾病学组组员、国际华人胸腔外科学会理事、上海市医学会胸心外科学会委员、中国医师协会胸外科分会常委、卫生部内镜专业技术考评委员会胸心外科分会常委、中国抗癌协会食管癌专业委员会委员。

采访问题

1. 胸腔镜下复杂肺段的手术技巧有哪些？
2. 对于2015年6月发表的"关于半俯卧位单孔胸腔镜肺叶切除术的研究"，您是怎样想到研究这个术式的？未来的肺叶切除术，是否会优先考虑这个术式？
3. 目前为止，您最满意的一项研究是什么？
4. 您成为胸外科医生的初衷是什么？
5. 为正在奋斗的青年医生提出建议。

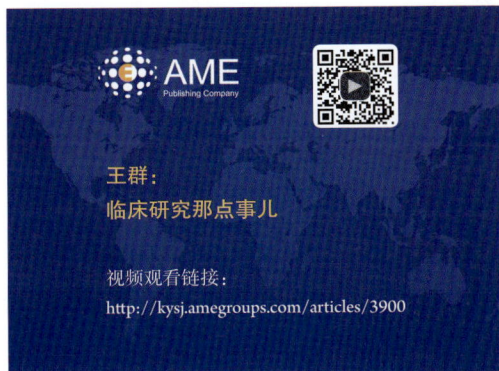

王群：
临床研究那点事儿

视频观看链接：
http://kysj.amegroups.com/articles/3900

（采访编辑：王蜜，AME Publishing Company）

复旦大学附属中山医院是卫生部部属综合性教学医院。中山医院创建于1936年，是当时中国人管理的第一所大型综合性医院，隶属于国立上海医学院，为纪念中国民主革命的先驱孙中山先生而命名为孙中山纪念医院，后更名为中山医院。解放后曾称上海第一医学院附属中山医院和上海医科大学附属中山医院，2001年用现名。复旦大学附属中山医院胸外科是卫生部国家临床重点专科，上海市重点学科，上海市胸心外科临床质量控制中心，全国胸外科临床药理基地。

AME通讯邮箱：kysj@amegroups.com

受访专家工作邮箱：lung2792@163.com

科室秘书处电话：021-64041990-2018

科室地址及邮编：上海市徐汇区枫林路180号复旦大学附属中山医院胸外科，200032

支修益：

用事实说话才能造福患者

编者按："第十届中国胸外科主任肺癌高峰论坛暨第四届中国胸外科肺癌协作组(CLCCG)高峰论坛"于2015年5月24日在广州举行。大会主席、首都医科大学肺癌诊疗中心主任支修益教授接受了AME出版社的采访，回顾中国胸外科肺癌协作组和中国胸外科主任肺癌高峰论坛的成立和发展历程，并分享其对"精准医疗"和美国张玉蛟教授在柳叶刀发表文章的独特见解。

支修益，教授，首都医科大学肺癌诊疗中心主任。中国胸外科肺癌协作组组长、北京医学会胸外科学分会主任委员兼肺癌学组组长、首都医科大学肺癌诊疗中心主任。

回顾中国胸外科肺癌协作组的成立，支修益教授说道，在中国胸外科肺癌协作组(CLCCG)成立之前，已经举办了五届"中国胸外科主任肺癌高峰论坛"。这个论坛是由支修益教授担任组长的中华医学会胸心外科学分会肺癌学组和北京医学会胸外科学会肺癌学组共同发起，在中国癌症基金会的大力支持下，由首都大学肺癌诊疗中心承办。历届"中国胸外科肺癌高峰论坛"上，参会的所有胸外科专家不论来自哪个省市地区和年龄组，都希望中国胸外科学界有一个属于自己的、固定的平台，来探讨中国肺癌的诊断和治疗，来交流推广肺癌诊疗的新技术。因为不管是什么级别的胸外科学术会议，即便是胸外科专题研讨会，由于时间和日程安排等因素的影响，针对肺癌专题的内容很少。中国是肺癌大国，年发病率和死亡率均居世界首位，如果只是在胸外科或肿瘤综合会议上讨论肺癌的话题，不可能会安排更多的时间去深入讨论，许多参会代表都觉得不解渴。我国胸外科领袖们渴望搭建"中国胸外科肺癌协作组"这样一个学习交流的平台。"第五届中国胸外科主任肺癌高峰论坛"召开期间，包括支教授在内的北上广胸外科核心专家讨论决定成立中国胸外科肺癌协作组，并获得

首都医科大学宣武医院胸外科成立于1980年。近年来，宣武医院胸外科积极开展70岁以上高龄肺癌和食管癌外科手术治疗和多学科综合治疗的临床研究，积极开展胸腺瘤合并重症肌无力外科手术治疗的临床研究，积极开展电视胸腔镜治疗自发性气胸、肺大疱和恶性胸腔积液的微创胸外科手术治疗；在胸外伤和外伤性连枷胸合并肺挫伤治疗方面居国内领先水平。

了原国家卫生部副部长、中国癌症基金会彭玉理事长，原国家卫生部医政司领导和中华医学会领导的大力支持，得到了全国各省市胸外科学科带头人的积极响应。最终在2013年5月11日于北京全国政协礼堂召开的"第六届中国胸外科主任肺癌高峰论坛"的同时，成立了中国胸外科肺癌协作组(CLCCG)。CLCCG成立以后，先后在全国各个地区及省市建立了地区胸外科肺癌协作小组，希望能通过区域协作网络的建立，推动全国胸外科领域肺癌诊疗协作网络的建立。其次，通过创建中国胸外科大师班培训项目和成立CLCCG青年专家工作委员会，使更多的中青年胸外科医生关注肺癌诊疗新技术和转化临床研究。历届中国胸外科主任肺癌高峰论坛分别对胸外科和肺癌学科的建设、肺癌临床研究的方向和建立多学科综合诊疗模式等专题进行了充分的讨论。而且，每届高峰论坛都有一个鲜明的主题，每次会议的讨论都能够达成一个专家共识，解决一个问题。同时，利用中华胸心血管外科学会网站、中国癌症基金会网站、公共媒体和专业媒体网站进行传播，使更多胸外科和肺癌领域相关专家分享会议的精彩内容。本届胸外科主任肺癌高端论坛，将针对刚刚更新的《中国原发性肺癌诊疗规范(2015年版)》制定一个解析推广的巡讲计划。作为国家卫计委《中国原发性肺癌诊疗规范》专家委员主任委员，支教授表示他亦应该以身作则，把《中国原发性肺癌诊疗规范》中胸外科更新的部分进行推广解析，并将《中国原发性肺癌诊疗规范》全国巡讲计划做得更好。这届论坛期间，将组织专门会议同CLCCG的10个胸外科肺癌协作组负责人，中华胸心血管外科学会肺癌学组的所有委员以及国家卫计委《中国原发性肺癌诊疗规范》专家委员共同讨论制定关于《中国原发性肺癌诊疗规范》的全国巡讲计划。希望通过巡讲，使更多的胸外科医生学习、掌握和使用新一版《中国原发性肺癌诊疗规范》，在规范临床诊疗行为的同时，让更多的肺癌患者获益。

在谈到本届会议的主题"精准医疗"时，支教授希望通过与深圳华大基因的合作，用3~5年的时间构建中国胸外科肺癌基因组库，将一些重大的基础医学和基因组学领域的研究成果和高端技术运用到肺癌临床诊疗领域的早期诊断和精准治疗上。"通过胸部CT肺癌筛查，再结合"液体活检"锁定肺癌的高危人群。胸外科医生必须参与肺癌筛查和早期诊断工作，如果更多的晚期肺癌患者都是通过症状就诊，那么胸外科的微创技术就失去了用武之地。"支教授认为，精准医疗在肺癌预防和筛查体系有很好的发展空间，这需要公共卫生领域专家、基础医学领域科学家的介入和通力合作，需要将他们的基因检测技术运用到肺癌影像筛查和"液体活检"工作中。另外，精准医疗还应用于肺癌的早期诊断和早期肺癌的精准微创手术治疗。精准医疗在胸外科领域的应用，特别是早期肺癌亚肺叶切除的研究有很高的学术价值和临床推广价值。在采访中，支教授强调指出，并不是所有的肺部小结节都是肺癌，对于肺癌筛查中发现的亚厘米肺部病变应该予以高度重视，结合液体活检将有助于甄别出肺癌高风险病例，针对高风险病例进行外科干预。例如，一个85岁超高龄肺部亚厘米肺部阴影患者，如果没有"液体活检"这些基因检测技术的支撑，单纯靠外科手术进行探查就会有很大的风险性。如果"液体活检"基因检测技术判定不是肺癌，那就完全可以不承受外科手术的风险，建议患者继续观察。而如何界定肺部亚厘米病灶是不是肺癌，除了通过基因检测以外，利用现有的胸部CT小结节处理系统和软件、磁导航肺活检技术以及相关的影像技术都有助于证实病灶是不是肺癌。对提高患者及其家属的依从性有很好的帮助。此外，还有助于胸外科医生判断患者是否需要手术切除，以规避手术风险，加强医患之间的相互配合。支教授认为，如果胸外科医生能合理地应用胸部CT筛查和液体活检技术，应用肺部小结节分析处理体系，利用磁导航活检技术等高新技术，就能使肺部的任何小结节都能在治疗前和手术前获得准确的病理诊断和分子病理诊断。在精准医疗指导下，不仅能使高龄早期肺癌患者得到更长的生存时间，还能够获得更好的生活质量。

不久前，美国的张玉蛟教授在著名杂志《柳叶刀》上发表了关于早期肺癌治疗的重大成果：SBRT(立体定向放疗消融术)对可手术切除的早期肺癌进行SBRT治疗能取得比外科手术更好的疗效。对此，支教授持有不同看法。他认为这项研究基于两个终止的临床试验，从极少量患者的数据中得出这样的分析结论并进行大肆宣传是不负责任的。目前，不管是美国的《NCCN肺癌临床诊疗指南(2015年版)》，还是中国国家卫计委组织专家制定的《中国原发性肺癌诊疗规范(2015年版)》，对于早期肺癌的治疗原则，均是以外科手术为首选。通过两项由于入组极为缓慢而提前终止的临床试验中的小样本数据推导出这样的结论首先是不科学的，其次，对于肺癌患者来说也是不负责任的。张玉蛟教授是一位放疗科医生，但无论是放疗科医生还是胸外科医生都应该用科学的数据说话，在没有得到最终的临床研究结果之前，都应该按照规范指南进行临床实践，即通过外科手术为早期肺癌患者提供根治性治疗。支教授不赞成公共媒体和专业媒体对美国放疗科张医生用提前终止的试验数据和极少样本对比得出的数据进行针对社会大众的科普宣传。并对这篇文章可能出现误导早期肺癌患者选择治疗的情况表示担忧。在中国，很多医生崇拜、尊重具有高影响因子的医学杂志刊发的文章，一本受到大家尊重的杂志应该慎重地发表这样的文章。目前，中国放疗学界的专家正在放疗科领域组织专家进行这样的临床多中心研究，中国的肺癌患者多，入组的样本量也大，期待着研究结果。支教授认为，早期肺癌临床研究涉及到胸外科领域，需要放疗科医生与胸外科医生联合协作，如果研究项目没有胸外科的参与，单纯强调放疗技术，研究结果必定会出现偏移。既然临床多中心研究是为了造福于全球的早期肺癌患者，那么应该站在公益的科学的角度上，在胸外科、肿瘤科、放疗科、病理科的共同参与下来推动这项研究。因此，支教授表示，对这篇已发表文章的数据和结论持不同意见，并作出如下总结：首先，临床怀疑为肺癌的肺部结节在选择治疗前必须要有明确的病理诊断；其次，中国的胸外科医生连同肿瘤科医生应该发出声音，表明我们的态度和观点；最后，无论是什么样的新思维、怎样的新技术，都必须通过临床研究才能应用于临床，必须用科学的数据说话才能真正引领医学的发展，真正造福肺癌患者。

（采访编辑：黄楚君，AME Publishing Company）

AME通讯邮箱：kysj@amegroups.com
受访专家工作邮箱：xiuyizhi2015@163.com
科室秘书处电话：王芳，15910968826
科室地址及邮编：北京市西城区长椿街45号首都医科大学宣武医院，100053

方文涛：

切除更少肺组织真的有助于提高生活质量吗？

编者按：在2015年的ESTS大会上，上海交通大学附属胸科医院的方文涛教授就"Comparison of pulmonary function after VATS lobectomy and limited resections for early stage lung cancer"一题作了精彩的报告，赢得了热烈的掌声。在会后，方教授接受了AME出版社的专访，分享他对肺切除手术的独到见解。

方文涛，上海交通大学附属胸科医院胸外科主任医师、上海交通大学医学院博士研究生导师、交通大学食管疾病临床诊治中心主任。上海市胸科医院胸外科卫生部国家临床重点专科学科带头人。

随着早期肺癌患者的增多以及大家对肺癌认识和探索的深入，越来越多的医生希望能在保证治疗效果的情况下，在进行亚肺叶的切除手术时，探索切除更少的肺组织是否更有利于患者的肺功能和生活质量。方教授团队的研究发现，切除更少的肺组织，并不一定就能更好地保留肺的功能，因为还有很多因素是与此相关的。他们的研究目的是，了解胸腔镜下肺叶的切除、肺段的切除和楔形切除对患者肺功能的保留程度，为医生选择手术方式提供更好的指导。

对患者生活质量、肺功能影响的关注一直是胸外科医生工作的重点。方教授表示他们现在也注重研究开放手术和腔镜手术的差异。他认为，其实所有的外科手术都是相似的，无论采取何种手术方式，首先要保证外科学和肿瘤学的原则不受到影响，以达到好的治疗效果，同时也要考虑到患者的手术创伤对今后生活的影响。这是医生务必关注的两个方面，两者缺一不可。

这次报告的只是一些初步结果，只比较了一部分接受了腔镜肺叶、肺段和楔形切除术的患者，方教授希望以后能累积更多的病例，作更详细的研究和分析。他还提到，以后会增设一个没有做肺切除腔镜手术的对照组，以更加准确地评价肺切除的程度对肺功能的影响，希望以后能给大家呈现更有趣、更有意义的结果。

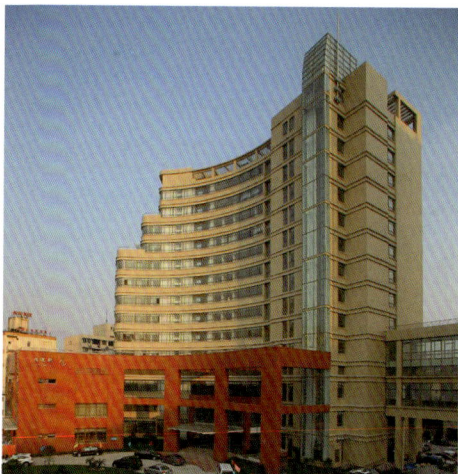

上海市胸科医院成立于1957年，由我国老一辈的著名胸心外科专家黄家驷、顾恺时教授等创建，是我国最早成立的一家以治疗胸部疾病为主的专科性医院。40多年来，胸外科在肺部疾病、气管外科、食管良恶性疾病、纵隔肿瘤等方面开展了大量的工作，尤其是近几年在肺癌的综合治疗、食管癌的多学科诊治、胸腺上皮肿瘤的临床病理研究、肺移植及气管移植方面的临床和科研工作中取得了新的成绩，确立了学科在国内的领先地位。

关于胸科医院肺段切除的指征，方教授提到原本肺段切除主要适用于肺功能较差的、手术风险相对较高的患者，进行的是局限性的切除，希望降低手术风险。确实有很多的临床数据证明，肺段切除的术后并发症可能会少一些，但其对于生活质量、长期肺功能的影响还没有一个确切的结论。方教授表示，在他们医院情况同样如此，以往肺段切除主要用于肺功能较差或合并症较多的高危患者，但是近年来随着CT筛查应用的增多，他们发现对于非常小的病灶，比如病灶直径在1 cm或1.5 cm左右，或者是恶性程度相对比较低的病灶，亚肺叶切除已经能达到和标准肺叶切除相同的长期生存结果。因此一般来说，他们医院选择的肺段切除，目前针对的是病灶直径在2 cm以下周围型，且CT显示含有磨玻璃成分的病灶，这些就是他们肺段切除的指征，和以往相比已经不太一样了。

关于淋巴结清扫的问题，方教授表示，从现有的文献和他们的经验来看，AAH或者MIA一般不会有淋巴结转移，所以这样的患者其实完全没必要进行系统性的淋巴结清扫，但是由于手术中要通过快速的冰冻切片病理检查去诊断AAH或MIA是相当困难的，所以现在更多的是依赖于术前CT影像进行鉴别，也就是说，CT上以磨玻璃成分为主的病灶一般很少进行系统性的淋巴结清扫。但他认为，在没有确切的非常有力的证据下，淋巴结取样还是有必要的，这样才能积累足够的数据来证明这些患者确实没有淋巴结转移，没有必要进行淋巴结清扫。

最后，方教授还总结了本届参会的感受和展望。令他感到自豪的是，高端的国际大型会议上，无论是参会人员还是发言人，中国医生的身影越来越多，很多国外同行也注意到了这一点。他认为，ESTS相对美国的AATS而言是后起之秀，但会上活跃着越来越多来自世界各地的学者的身影，从内容、学术气氛上看，ESTS可能比AATS更加符合学术发展的潮流，如今已有逐步取代AATS、成为国际影响力最大的胸外科学术会议的趋向。他建议国内学者更多地参与国际交流，把握专业发展的趋势，同时争取和国际上发展得较好的国家、单位、和个人有更多紧密的合作。他们也在借这个机会与包括亚洲、欧美在内的同行一起进行合作研究，一方面可以提高学术水平，另一方面也可以提高我国的学术影响力。

还有一个好消息：在2015年的ESTS年会上，中国医师协会与欧洲胸外科医师协会的代表通过协商，决定2016年在里斯本举行的下一届ESTS年会上将设置长达2个小时的中-欧联席专场，以进一步促进中欧胸外科同道的交流合作，希望国内同行关注并踊跃投稿。

（采访编辑：黎少灵、钟珊珊，AME Publishing Company）

AME通讯邮箱：kysj@amegroups.com
受访专家工作邮箱：vwtfang@hotmail.com
科室秘书处电话：谷志涛，18017321357
科室地址及邮编：上海市淮海西路241号上海市胸科医院，200030

视频访谈

方文涛：

扣人心弦的Master Cup，历史性的首胜

编者按： 葡萄牙时间2015年5月31日上午8:30，"第二十三届欧洲胸外科医师学会(European Society of Thoracic Surgeons，ESTS)年会"的金牌项目——三大洲临床病例决策大赛(Master Cup)在里斯本国家会议中心拉开战幕。在国际胸外科界，作为Post Graduate Course的ESTS每年一度的Master Cup大赛，其水平之高、内容之精彩，堪称胸外科医师们心目中的世界杯。大赛一结束，亚洲队获得冠军的捷报瞬间刷屏朋友圈，现场观众沸腾了，守候着微信直播的国内医生们也沸腾了，欢呼雀跃、无数人喜极而泣。为了这一刻，亚洲的很多胸外科专家医生们等待了很多年，也奋斗了很多年。在比赛结果公布后，AME出版社特别邀请到了本次大赛亚洲队的导师之一方文涛教授跟我们一起回顾这次扣人心弦的比赛。

简介见前文。

采访问题

1. 作为本次ESTS Postgraduate病例大赛亚洲队的Senior Member，能否跟我们分享一下今年亚洲队的阵容及比赛情况？
2. 通过这个比赛，您对国内医师培养有什么样的建议？

方文涛：
扣人心弦的Master Cup，历史性的首胜

视频观看链接：
http://kysj.amegroups.com/articles/3006

（采访编辑：黎少灵，AME Publishing Company）

AME通讯邮箱：kysj@amegroups.com
受访专家工作邮箱：vwtfang@hotmail.com
科室秘书处电话：谷志涛，18017321357
科室地址及邮编：上海市淮海西路241号上海市胸科医院，200030

方文涛：

胸腺瘤研究，小荷才露尖尖角

编者按： "第六届国际胸腺肿瘤协会年会(ITMIG 2015)"于2015年10月23日—25日在中国上海环球富豪东亚酒店成功举办，这是TIMIG年会第一次在中国举办。据悉，此次ITMIG年会是有史以来参会的会员最多、规模最大、评价最高的一次，也成为我国专家集体亮相展示自己成果的舞台。中国胸腺瘤协作组(ChART)在这次会议上崭露头角，多项回顾分析研究结果的公布见证中国在国际胸腺瘤研究领域的影响力。值得庆贺的是，ChART成员之一、上海胸科医院的王常禄医师的研究报告获得了由ITMIG组织颁发的Barbara Neibauer奖，这是继ITMIG 2012年会，ChART成员第二次获此殊荣。会后，本次大会主席方文涛教授接受了AME出版社的采访，介绍会议精彩内容以及国内胸腺瘤的发展。

简介见前文。

采访问题

1. 今年的ITMIG年会较往年有哪些亮点？
2. 作为今年TIMIG年会的主席，在ITMIG会议的筹备工作中，让您印象最深的是什么？
3. 您怎么看待国内近几年胸腺瘤研究的发展？
4. 接下来胸腺瘤研究工作以及2016年ITMIG年会，有哪些值得期待的地方？

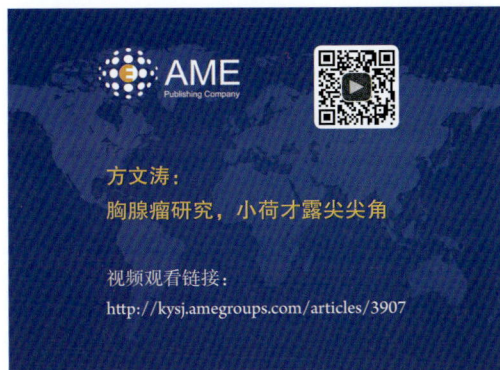

方文涛：
胸腺瘤研究，小荷才露尖尖角

视频观看链接：
http://kysj.amegroups.com/articles/3907

（采访编辑：黎少灵，AME Publishing Company）

AME通讯邮箱：kysj@amegroups.com
受访专家工作邮箱：vwtfang@hotmail.com
科室秘书处电话：谷志涛，18017321357
科室地址及邮编：上海市淮海西路241号上海市胸科医院，200030

申翼：

达芬奇机器人的应用是胸外科手术的一种趋势

编者按：2016年4月23日，由广东省医师协会胸外科分会主办，南方医科大学南方医院、珠江医院承办的第二届"大南医"胸心外科论坛在南方医科大学成功举办。会议上，来自南京军区总医院心胸外科的申翼教授就"达芬奇机器人在胸外科手术中的应用"一题进行了精彩演讲。此次，AME出版社有幸邀请到申教授与我们分享他在达芬奇机器人手术方面的宝贵经验及看法。

申翼，医学博士，主任医师、教授、博士研究生导师，南京军区南京总医院心胸外科副主任、美国加州大学戴维斯医学中心高级访问学者，南京市胸心血管外科学会副主任委员、中华医学会胸心血管外科学分会青年委员、中国医师协会机器人医师委员会委员、江苏省肿瘤专业委员会委员、江苏省心血管外科学会委员。

采访中，申教授与我们客观地分析了达芬奇机器人的优缺点，以及达芬奇机器人在国内的发展现状与未来展望，并表达了其对达芬奇机器人今后发展的乐观态度。此外，申教授还与我们分享了他第一次接触达芬奇机器人的经历，正是这次接触让申教授对达芬奇机器人有了更深的认识，而这项技术所带来的疗效也促进申教授在此领域不断进步。

谈及作为医生在实践达芬奇机器人手术时所应该具备的能力时，申教授则认为拥有一颗以患者为先的善良之心是最为重要的，再者就是应该具有外科手术实践的丰富经验。

最后，申教授与我们分享了此前留学美国加州大学戴维斯医学中心的经历与领悟。

南京总医院心胸外科创建于1948年，第一任科主任、留美专家吴公良教授是中国第一代心胸外科创始人之一，现任科主任为李德闽。南京军区总医院心胸外科是江苏省"135工程"重点学科，南京军区心血管病研究所外科部。博士后、博士、硕士研究生培养单位。重症心脏瓣膜置换、冠状动脉搭桥手术、大血管疾病综合治疗、复杂先天性心脏病矫治、胸外科手术(食管、肺、纵隔等疾病)、机器人和胸腔镜微创外科、危重急症病人救治在军内外享有盛誉。

采访问题

1. 您今天的演讲是关于达芬奇机器人在胸外科中的应用的，那么您能首先跟我们分享一下达芬奇机器人的优点，以及在什么情况下达芬奇机器人的应用能达到最佳治疗效果？

2. 除了显著的优点，达芬奇机器人是否存在仍需解决的缺点？比如医生触觉体验。在哪些情况下，达芬奇机器人并不适用呢？

3. 现如今达芬奇机器人在国内的现状及普及率如何？您对其今后的发展有何展望？

4. 根据您的经验，要完成一台成功的达芬奇机器人手术，作为医生，应该具备哪些知识与技能？

5. 您在达芬奇机器人手术方面颇有经验，您能与我们分享一下您第一次做达芬奇机器人手术时的经历吗？促进您在达芬奇机器人领域不断进步的原因是什么？

6. 我们知道您此前有出访美国加州大学戴维斯医学中心，你能与我们分享一下，在您访学期间，从一个医生角度来看，有哪些事情让您印象深刻(医疗方面、人文方面等)？

申翼：
达芬奇机器人的应用是胸外科手术的一种趋势

视频观看链接：
http://kysj.amegroups.com/articles/4420

（采访编辑：高凤平，AME Publishing Company）

AME通讯邮箱：kysj@amegroups.com
受访专家工作邮箱：dr.yishen@163.com
科室秘书处电话：02580860012
科室地址及邮编：江苏省南京市中山东路305号，210000

朱余明：

攻破高难度全腔镜手术从突破心理开始

编者按：2015年5月16日—17日，"第一届全国腔镜气管隆突手术研讨会暨第八届中国肺癌微创治疗论坛"在广州召开。会上，上海市肺科医院胸外科朱余明教授视频展播了3D 胸腔镜胸内低位气管肿瘤切除重建手术，并在展播结束后接受了AME出版社的采访，分享其在高难度腔镜手术方面的经验和见解。

采访问题

1. 如何选择胸腔镜的术式？
2. 如何看待"Tubeless VATS"？

朱余明，上海市肺科医院胸外科行政副主任，主任医师。上海市中西医结合学会胸外科分会副主任委员、上海抗癌协会胸部肿瘤专业委员会委员、肺癌外科学组主委、中国医师协会中西医结合医师分会心胸外科专业委员会委员。

（采访编辑：黄晓曼，AME Publishing Company）

AME通讯邮箱：kysj@amegroups.com
受访专家工作邮箱：ymzhu2005@aliyun.com
科室秘书处电话：021-65115006-2074
科室地址及邮编：同济大学附属上海市肺科医院胸外科，上海市杨浦区政民路507号，200433

文字访谈

乔坤：

让快速康复理念促进胸外科和呼吸科专业融合

编者按：2015年8月22日—23日，由深圳市第三人民医院主办、AME出版社等联合支持的"第三届深圳胸外科国际论坛"和《中国原发性肺癌诊疗规范》2015年版巡回解析推广于深圳市第三人民医院成功举行。

乔坤，副主任医师，深圳市第三人民医院胸外科负责人。可熟练进行各种肺、食管、纵隔手术，包括支气管袖式、肺动脉袖式成形、肺减容、食管癌根治等。

会上，本次大会执行主席、也是重要讲者之一乔坤教授接受了AME的专访。乔教授作为深圳市第三人民医院胸外科的学科带头人，全面负责胸外科学科建设、临床、科研、教学任务，新组建的三院胸外科团队在国内较早开展单孔/针式胸腔镜手术、快速康复外科、非气管插管麻醉胸腔镜手术等国际前沿技术，目前正在筹备组建深圳第一家胸部微创中心、胸外科疼痛关爱病房、胸外科日间手术病房，成立多学科的肺癌诊疗中心等。本次会议也通过连线手术室的方式，直播了乔教授的非插管单孔左下肺叶切除术，由林少霖、李章铭(台湾)、王正三位教授共同主持直播、实时对话探讨、共同解决疑难，与参会医生进行现场互动，现场气氛之专注活跃让人犹如置身于手术室。就该手术，乔教授也在采访中进行了介绍。

AME：能否先请您简单介绍一下这个病例的基本情况?

乔坤：这个患者是32岁男性，体检发现左下肺肿块2月余。曾在内科诊断为肺结核瘤，给予抗结核治疗2月。复查CT肿块无变化，来我科就诊，入院诊断为左下肺肿块：硬化性血管瘤？无高血压、糖尿病等合并症。

深圳市第三人民医院胸外科是医院蓬勃发展的科室之一，依托本院肺科和研究所及相关科室强大的临床、科研实力，秉承"规范、更易、更广"的原则，开展规范肺癌、食管癌、纵隔肿瘤等胸部疾病的诊疗，以期治愈肿瘤或最大程度延长患者的生存及改善生活质量；通过优化围术期管理、改进麻醉方式、选择个体化微创手术，使患者恢复得更快；不断钻研技术，使微创技术不断提高，使微创手术的适应证越来越广，造福更多的患者。

AME：本次手术的主要难点在哪？

乔坤：难点主要是由于肿块位于下肺背段(顶段)与基底段之间，紧贴背段肺动脉和支气管近端，游离时避免损伤背段肺动脉。因为暴露的关系，在非插管单孔胸腔镜下作背段切除要比舌段切除困难。术中我们首先游离背段肺动脉，探查发现肿块紧贴基底段支气管，无法行背段切除，按照术前方案，决定行下肺叶切除。首先切断左下肺动脉，游离膈肌和肺底粘连(自主呼吸状态下游离略困难)及纵隔胸膜。最后用直线切缝器依次断离肺下静脉和支气管，经标本袋取出病肺。非插管单孔胸腔镜肺叶/肺段切除注意事项有三点：首先镜下操作手法要更加轻柔，伴随深慢的呼吸节奏游离血管及其他组织。其次是优化非插管单孔胸腔镜下血管处理策略：选择杆细、钳头弯曲的内镜血管钳游离血管，既节约了切口空间，又有助于镜下观察游离过程，避免损伤血管。必要时用吸引器轻压临近组织，以减轻血管起伏。尽量避免过多的器械进入胸腔，我一般选择左手拿吸引器，右手持电钩，助手站在同侧扶镜，另一助手站在对侧必要时协助。三是选择合适的直线切割缝合器：单孔条件下不仅内镜器械需要有一定的角度，吻合器同样需要。新型的吻合器尖端带有一定的角度有助于避开前方组织，顺利通过血管完成切割。整个手术过程顺利，出血约30 mL。

AME：患者术后的恢复情况如何？

乔坤：患者当天回病房2 h后恢复进食，4 h下地活动，术后第一天拔除胸管，术后第三天上午停止输液，出院回家休息。现在患者每天通过微信汇报恢复情况良好，活动量逐渐增加。

AME：您本次大会上也作了非常精彩的报告，和大家分享一下要点？

乔坤：在南京军区总医院普通外科研究所黎介寿院士和李宁教授的指导下，我从2007年开展快速康复外科在胸外科的应用，根据胸外科学科特点，初步形成了食管癌、肺癌和纵隔及其他手术三种快速康复外科流程。其中肺癌快速康复外科流程主要包括术前宣教、有效镇痛、早期下床、早期拔管四项内容，而微创手术是快速康复外科的基石。我从2010年8月开始第一例单孔胸腔镜手术至今已完成数百例手术。在围术期流程和微创手术均优化的条件下，2013年我们和麻醉师、手术护士、病房护士一起成立了快速康复外科团队，同年开展了非插管胸腔镜手术，至今完成了73例非插单孔/针式管胸腔镜，是国际上唯一一家全部采取静脉麻醉联合肋间/胸椎旁神经、迷走神经阻滞的非插管胸腔镜手术单位。我们呼吁对有条件的单位组建快速康复外科团队，对经选择的胸腔镜手术患者采取围术期快速康复外科流程、单孔/针式胸腔镜手术、非插管保留自主呼吸麻醉三位一体的外科理念开展相应工作。这种三位一体的胸外科快速康复外科理念可以避免过度的技术崇拜(Technolatry)，为患者考虑而不是单纯地追求或过度强调微创外科技术。它可以全面降低手术和麻醉创伤，促进患者快速康复，提高术后生活质量。

AME：会上周伯平院长为您和护士长王晓燕授牌，见证您院胸部微创中心和肺癌诊疗中心的成立。能否谈谈您们创立这个诊疗中心的初衷和过程？

乔坤：每一项新技术的应用和推广都需要人们付出极大的心血。在我开展快速康复外科和非插管单孔/针式胸腔镜技术的过程中，我深深体会到了其中的艰辛，有一个好的平台和团队将使新技术的开展如虎添翼。深圳市第三人民医院的领导十分重视胸外科的建设和发展，支持我们继续开展这两项国际前沿课题，积极推动、协调相关专科成立了这两个中心。

AME：对于这两个中心/肺外科有何展望？

乔坤：在胸部微创中心平台上，我们将围绕着快速康复外科和非插管单孔/针式胸腔镜技术这两项课题在临床研究、团队建设、流程优化、学科合作等方面开展工作。随着这两项技术的推广应用，不仅胸外科和麻醉科在围术期进行了学科融合，采用了不同手术的多模式镇痛方式促进了快速康复外科流程与快通道麻醉的融合，而且随着非插管胸腔镜手术应用的逐渐成熟、单孔胸腔镜器械的不断进步，不仅使非插管胸腔镜手术的适应证在扩大、胸外科手术也更加微创，这必也将极大地带动气管镜和内科胸腔镜下介入手术的发展，促进胸外科和呼吸科在学科上的融合，在不久的将来会出现越来越多的胸科大夫(胸内和胸外科合并)。另一方面肿瘤治疗包括肺癌的治疗都需要多学科的共同诊治，为了早期发现早期肺癌，推广肺癌的规范化诊治工作，医院成立了肺癌诊疗中心，将开展肺癌的早筛、多学科会诊及综合治疗工作。我们将在支修益、姜格宁、李章铭(台湾)、Sanghoon Jheon(韩国)、司徒达麟(香港)五位顾问的指教下，脚踏实地开展微创手术及规范化肺癌诊疗工作，希望在2016年8月第四届深圳胸外科国际论坛上带给大家一些新的进展。感谢"AME出版社"对本次深圳胸外科国际论坛的大力支持!

（采访编辑：钟珊珊，AME Publishing Company）

AME通讯邮箱：kysj@amegroups.com
受访专家工作邮箱：szqiaokun@163.com
科室秘书处电话：0755-61222333-2549
科室地址及邮编：深圳市龙岗区布澜路29号深圳市第三人民医院，518112

乔贵宾：
外科医生的"脑"比"手"更重要

编者按： 由国家卫生和计划生育委员会编写的《中国原发性肺癌诊疗规范(2015年版)》颁布后引起了肺癌领域研究专家的高度关注。其实，早在2014年12月在广州军区总医院举行的广东省医疗行业协会胸外科管理分会成立大会暨第二届广东省胸部疾病微创外科治疗新进展研讨会上，大会主席乔贵宾教授在接受AME出版社专访时，便表达了其对本次研讨会中所重点讨论的2015版卫计委《中国原发性肺癌诊疗规范》中外科部分内容的看法。究竟新版诊疗规范在外科领域有哪些重要变化？在WHO也将发布2015年肺癌分型指南之际，AME采访了乔主任，为我们一一剖析上述问题。

乔贵宾，南方医科大学硕士研究生导师，广州军区总医院胸外科中心暨广东省肺癌研究所临床中心主任。

AME：作为外科医生，请问您对2015版《中国原发性肺癌诊疗规范》外科部分最新的改动有什么看法？

乔贵宾： 这个新的规范发布以后，要求各级医院在治疗肺癌患者的时候要严格遵循该规范来进行临床工作。其中关于外科领域主要有三大内容需要重点关注。

第一，它再一次强调了微创手术在肺癌治疗中的作用。从2006年开始，胸腔镜手术治疗肺癌的作用逐渐被人们所认识；自2010年后，在各种指南、共识中都提到了允许使用胸腔镜做早期肺癌手术。经过几年的发展，现在终于有大量的临床研究和数据证明了胸腔镜手术是不劣于甚至优于开胸手术的。所以，这次新的规范，特别指出了胸腔镜手术在外科中的重要性，并允许手术切除的顺序可不拘泥于传统观念的肺静脉、肺动脉和支气管顺序，可根据术中病灶的具体情况进行选择。同时，鉴于近年来胸腔镜手术的日渐成熟和在复杂手术中的广泛应用，新规范并未要求胸腔镜手术只能用于早期肺癌手术。

第二，我记得杨跃教授在微创外科治疗新进展研讨会中提到，现在我们外科医生都在追求微创，每个外科

广州军区总医院胸外科成立于1954年，当时是我国少数几家能开展心胸外科手术的单位之一。经过近半个世纪的发展，现已完成肺癌、食管癌、纵隔肿瘤、心血管等心胸外科手术两万余例，在胸外科疾病的治疗水平方面达到了国内领先水平。科室与德国、美国、澳大利亚和香港等多家著名医疗中心建立了紧密协作关系，经常有专家互访、手术会诊等学术交流。

医生都在努力提高自己的外科技能，但需要重视的是，当我们外科医生都非常关注微创肺癌手术的时候，也应该关注身边发生了什么。其实这块内容就是2015年版规范里面非常重要的一点。现在国际上的数据表明立体定向放疗(SBRT)在早期肺癌的治疗中取得了很好的效果。有的研究甚至认为，SBRT疗效与外科治疗效果相当。这一版规范是由多个学科的专家来共同制定的，包括胸外科、放疗科和肿瘤内科医生，一些放疗医生要求写明立体定向放疗在肺癌的治疗中具有根治性的作用，但是由于目前的证据都是低级别，依然不足以改变新的规范。在这个新的规范里面仍然强调外科是治疗早期肺癌最重要的手段，但是对于不能接受手术的患者，比如说肺功能差、伴发疾病多的这类患者，SBRT是一个非常好的替代治疗方法。那也就是说，这个规范告诉了我们，对于早期肺癌患者，我们还是首选做手术；对于不接受手术或是身体状况不允许手术的患者，最好的办法就是做立体定向放疗。当然，现在国际上还缺乏大型的、前瞻性的、多中心的手术和SBRT的对比研究。现在有人在发起这类研究，但是做这类研究是相当困难的，甚至有人说是不可能的。因为如果一个患者身体条件允许接受手术的话，在知情同意的情况下，患者一般不会加入到SBRT放疗组。所以这类研究虽然很有前景，但短期内很难看到结果。也有学术组织曾经发起过一项调查，调查了肺癌领域里一百多位专家，包括胸外科医生、肿瘤科医生，还有放疗医生。调查问题是：如果你的亲人得了早期肺癌，你会让他首选手术还是SBRT？结果是60%~70%的专家都首选手术。这也说明了，无论是从数据还是从专家经验，目前外科手术的地位是不容动摇的。这个规范提示胸外科医生不要只专注在手术上，也应该关心放疗和化疗等相关学科的最新进展。

　　第三个很重要的外科问题是，外科医生不能只关注手术中肺切除的问题，还应重视其他很多手术相关问题，例如淋巴结清扫的问题、手术范围大小的问题，等等。如何进行规范的淋巴结清扫是所有外科医生所必须重视和强调的。淋巴结清扫除了手术切除的彻底性外，另一个非常重要的意义就是准确的分期，如果切不到位的话，这个患者的分期就会不准，进而对他的整个治疗策略都是有影响的，那么患者的治疗效果就跟外科手术有关系了。还有一个问题就是，是不是所有的患者都要做淋巴结清扫？比如说，对于一些非常早期的或癌前病变的原位腺癌患者，淋巴结转移的几率非常小。对于这些患者，如果进行大创面的纵隔淋巴结清扫势必会对他的损伤和并发症都有影响。所以现在也提出了很多像选择性的淋巴结清扫、叶特异性淋巴结清扫、淋巴结采样等多种概念。具体该怎么做，还需要进一步的临床研究去回答这些问题。这次规范还强调了一个亚肺叶切除的问题。这几年，亚肺叶切除也是外科医生非常关注的问题。对于一些非常早期的肺癌，大量的资料显示亚肺叶切除可以取得与肺叶切除一样的效果。实际上，到目前为止还没有高级别的前瞻性证据证实，所以它的作用还需要进一步确认。这次的规范也要求，做亚肺叶切除前必须要做术中淋巴结的病理确认。如果各级淋巴结存在转移，做亚肺叶切除是不规范的。规范还特别强调，亚肺叶切除只适用于无法耐受肺叶切除和早期肺癌通过观察进展非常缓慢的患者。

AME：作为*Journal of Thoracic Disease*(*JTD*)杂志编委，您组织了一期肺腺癌新分型专刊(*New Lung Adenocarcinoma Classification*)并在2014年10月出版了，希望通过新分型的普及，推动我国肺癌个体化治疗的规范性和科学性。2015年WHO也将发布新一轮的肺癌分型指南，请您预测：2015年的肺癌新分型将会有哪些重要的变化？将会对外科产生怎样的影响？

乔贵宾：2015年新的肺癌分型将会由最权威的WHO官方发布。我们知道2011年初，三大学术组织国际肺癌研究学会(IASLC)、欧洲呼吸学会(ERS)和美国胸科协会(ATS)联合发布了一个肺腺癌的新分型，2015年WHO即将发布的肺癌病理分型基本上就是在上一次的三大国际组织联合颁布的分型的基础上进行权威认证和补充。因为这几年的验证研究认为2011年的腺癌分型是比较合理的，所以2015年通过最权威的WHO来发布这个新的分型。这个新的分型最主要的变化集中在两大方面。最主要的一方面就是腺癌，因为腺癌目前是世界上发病率最高的肺癌类型，而且近十几年对腺癌的研究无论是手术、药物、还是基础研究方面，都取得了非常重要的进展，所以对于腺癌来说，这次的变化还是比较大的。具体的内容在这期专刊已经介绍了，读者可以通过这本专刊了解它的来龙去脉。新分型对临床有非常重要的影响，无论是对标本的基因检测、影像学判断，还是对内科治疗、外科治疗都有非常重要的影响。新的分型去掉了细支气管肺泡癌(BAC)这个概念，以后没有BAC这个概念。但是它把腺癌分为了原位肺癌(adenocarcinoma in situ，AIS)和微浸润腺癌(minimally invasive adenocarcinoma，MIA)，以及其他类型的腺癌。新的分型最重要的临床意义就是可以指导临床医生进行个体化治疗。至于新分型对外科的影响，比如我刚才说的亚肺叶切除术，现在很多数据已经证明：采取肺段切除或者大的楔形切除，对于一个影像学上表现为GGO，病理学上表现为原位腺癌或者微浸润腺癌的患者，完全可以取得和肺叶切除一样的效果，这样就极大地保护了患者的肺功能，颠覆了我们外科半个世纪以来肺叶切除作为肺癌根治标准的观念。这就是新分型对外科的影响，当然它对内科、对靶向生物治疗等方方面面都有影响。

　　2015年WHO肺癌病理分型另一个重要方面是关于神经内分泌肺癌的。神经内分泌肺癌是一个大的概念，是指肺的肿瘤里面表现有神经内分泌的结构或者是功能学上的一些结构基础。它并不是单一的一种癌，而是由几种癌构成，主要有小细胞肺癌、神经内分泌大细胞肺癌、不典型类癌、典型类癌，还有癌前病变。这组癌有共同的病理学和结构学基础，有一些表现是相近的，比如说神经内分泌大细胞肺癌的临床行为与预后和小细胞肺癌是相似的，甚至有人认为它的临床决策也应该是一样的。还有其他的一些，比如说腺癌也表现有神经内分泌的功能。这类肿瘤逐渐引起肺癌学界的重视，当然它的研究证据还很不足，以后将是肺癌研究的一个很重要的领域。我正在组织专家编写这本书，2015年计划公开出版。

AME：您开创了"廉价胸腔镜手术"理念，可使手汗症、漏斗胸、肺大泡、气胸以及早期肺癌的肺叶切除等微创手术在不需高值器械的情况下完成，极大地节省了患者的医疗费用。可否简单地介绍一下？

乔贵宾：这个概念其实非常重要，很多年轻的外科医生可能体会不到其中的酸甜苦辣。我们医院对肺癌微创手术的探索有近20年的历史。我院于2005年开始做全胸腔镜的肺癌手术，当时有很多质疑。比如说我所在的医院，当时医院是不允许我们使用任何耗材的。我们现在做手术用的一些切割缝合器等高值耗材，当时在我们医院是不允许使用的。没有微创手术器械的帮助，想完成这样的手术是一个难题。当时的环境和学科发展的需求又要求我们必须发展微创，所以当时我们科就逐步摸索出了所谓的"廉价胸腔镜手术"，实际上就是"手工胸腔镜手术"，术中不使用任何耗材。2005年我们完成了我院第一例全腔镜下的手工肺叶切除手术，当时做一台全胸腔肺癌手术所有的费用只需2万元左右，但是操作的难度是非常大的，手术时间也比使用高值耗材时平均要长一个小时，因为我们对每根重要血管、气管的处理都是采用结扎和缝扎的方法来处理。2008年以后，随着医保等各项政策的进步，我们开始使用一些方便的手术器械进行手术，手术既安全又快，做一台肺癌手术平均一个多小时就可以完成。所以，目前我们会根据患者的具体情况决定手术方式，如果患者的经济条件不允许，我们会选择做这种"廉价胸腔镜手术"。非常值得一提的是，我们走了一条这样的探索之路，一路走来虽然艰辛，但回过头来看是有益的。现在单孔胸腔镜是胸外科的热点，正是因为我们经过前期摸索，所以从传统的三孔和两孔胸腔镜肺癌切除转到单孔就非常容易，我们根本就不需要重新学习，马上就适应了。我们知道发展单孔胸腔镜手术非常重要的一个障碍就是，因为只有一个洞，各种器械进去不方便，器械之间会干扰。但因为我们之前摸索过这种手工的胸腔镜肺癌切除手术，所以在做单孔胸腔镜手术的时候就能适应这种干扰。我们的很多医生包括主治医生，都可以做单孔胸腔镜肺叶切除手术，而且基本上不用经过多少培训。为什么我把胸腔镜肺手术的发展叫做一种"回归"，因为经过将近10年的摸索，又回到了我们最开始的理念。

AME：谈到广东省医疗行业协会胸外科管理分会成立的宗旨，其中包括规范行业标准，协调行业发展的平衡。在协调行业发展平衡方面，您介绍了贵医院帮扶基层医院的经验，帮助它们建立胸外科。可否与大家分享一下你们在扶持工作方面的经验呢？

乔贵宾：因为我是部队医院的医生，我们有一个很重要的工作领域就是要帮扶一些基层的"军民共建医院"，所以这几年我下基层医院比较多一些。胸外科专业在广东这个发达地区的基层医院发展得都不太理想，主要的原因如下：一是医院不重视；二是技术水平还不平衡。所以我们成立这个胸外科分会的主要目标就是协调和促进全省胸外科行业的平衡发展，要求所有的县级以上的医院都能开展基本的胸外科手术。实际上，造成发展不平衡的一个很重要的原因是缺技术、缺人才。如何在短期内把这些人才培养起来，这是一个非常重要的问题。每个医院虽然都会派医生到大医院去进修和学习胸外科知识和技能，但实际上这些医生回去后也很难开展业务，因为胸外科这个专业相对比较复杂，胸部的结构和解剖是全身最复杂的部位之一，手术风险很高。针对这种情况，我们近几年做了几个县级和市级医院的帮扶工作，从技术和管理两方面着手，全面扶持基层医院胸外科的建设和发展。技术帮扶主要是让他们来进修学习，然后我们派专家驻扎到基层医院，亲自带着他们做手术，而且对他们整个团队进行培训，而不仅仅只是培训某个医生。团队培训包括医生、护理，以及整个术前、术后、围术期的监护等。我们成功帮扶的5家医院现在胸外科的发展都已日趋成熟，都能独立开展常见的胸外科手术，他们的胸外科年手术量都在100例以上，达到了全国同类医院的先进水平。实际上，有这样需求的基层医院很多，所以我们医疗行业协会胸外科分会成立以后，平台就大了，就可以更好地服务基层。帮助基层医院发展胸外科最大的受益者是老百姓，他们不用再跑到广州来看病，而且二级医院比三级医院的收费低，大概花一半的钱就可以在当地解决看病问题了。

AME：作为ESTS 2015年病例辩论赛亚洲队精英辩手选拔赛导师团成员之一，您觉得这些比赛对国内外科医生会有什么影响？

乔贵宾：选择特定的病例，让选手发表自己的观点，然后互相进行辩论。我觉得这类活动对年轻医生的成长是非常有帮助的。我其实是非常重视这个环节的，在知道这个消息后，我也鼓励我们的年轻医生去积极参与。这个活动另一方面验证了我经常跟年轻医生说的一句话：外科医生的脑(head)比手(hand)更重要，即外科医生的思维和判断比手术技术更重要。所以我觉得这个辩论赛非常好，它是一个脑力思维的角逐。我想对于99%的外科医生来说，只要他们有机会去锻炼，做手术的"手技"(手上的功夫)都不会有明显的差异，但是每个人的思维都是不一样的，所以像这种辩论赛就是思想的交锋、思维的碰撞，通过这种活动，能锻炼我们外科医生的思维和判断能力。如果一个外科医生每天都呆在手术室，只重视手术技巧不重视临床思维的话，他不可能成为一名出色甚至卓越的外科医生。所以我觉得这种活动非常好。另外，这类辩论赛，一来可以提高年轻医生的素质；二来可以给年轻医生一个很好的平台，培养他们的国际视野，通过这类活动我们的年轻医生会成长得更快更好。

AME：由您主编的专著《细支气管肺泡癌》是国内外第一本以一种肺癌亚型为研究对象的专著，从流行病学、影像学、诊断和治疗等多角度对其全面、系统地进行介绍，可作为呼吸科、肿瘤科、胸外科医师参考用书。如此专业的书籍，编写过程中是否遇到了哪些困难？

乔贵宾：我在2009年写完这本书的时候，写了一篇感想放在我的丁香园博客上。那篇文章很真实地反映了我当时的状态。当时感觉到整个医学界专业书籍的出版特别多，应该说是海量的，但是80%以上的书都十分雷同，因为主流的观点就是那样，写来写去都大同小异。我坚持写自己原创性的书，写别人没写过的书。比如《细支气管肺泡癌》这本书，当时国内外都没人写过，要写这本书非常困难，只能靠自己。我当时检索了1 400多篇文献，进行了系统的归纳整理，然后按病因、流行病学、影像学、内科治疗、外科治疗、放射治疗等全部归类，阅读完所有的文献以后进行总结，最终成书花了一年半的时间，非常不容易。在当时的那篇出版后记中，我用了"孕育"一词形容创作的过程，现在回想起来那就是一种苦中作乐的过程。

采访手记

　　其实与乔教授见面，已不是一次两次，每次见面他脸上总带着亲切的微笑。说起话来，语气平和，不紧不慢，而他平凡的话语中却总道着些深刻之理。平时除了繁忙的临床科研工作，乔教授还主持参与了帮扶基层医院、编书、出专刊等工作，一方面兢兢业业，治病救人，另一方面又默默地把先进的知识和技术传播到需要的地方。

（采访编辑：何朝秀，AME Publishing Company）

AME通讯邮箱：kysj@amegroups.com
受访专家工作邮箱：guibinqiao@126.com
科室秘书处电话：020-88653544
科室地址及邮编：广州市流花路111号广州军区总医院1号楼11楼胸外科，510010

乔贵宾：

胸外科行业求贤若渴

编者按：2015年12月26日，由广东省医疗行业协会胸外科管理分会主办的"第二届广东省医疗行业协会胸外科管理分会年会暨基层医院胸外科行业发展论坛"在广州东方宾馆顺利举办。大会邀请了30余名国内外专家就当前我国胸外科常见疾病及学科建设经验进行了精彩的报告。广州军区广州总医院胸外科主任、广东省医疗行业协会胸外科管理分会主任委员、大会主席乔贵宾主任就胸外科学科建设相关问题接受了AME出版社的采访。

简介见前文。

采访问题

1. 我国胸外科行业现状如何？
2. 应侧重从哪些方面来改变该局面？
3. 本次会议最大的亮点是什么？
4. 对下一届会议的新构想是什么？还有哪些需要改进的地方？

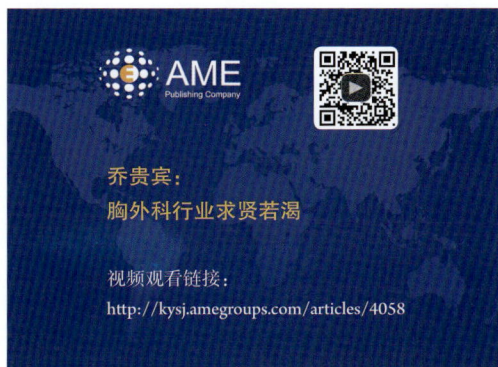

AME

乔贵宾：
胸外科行业求贤若渴

视频观看链接：
http://kysj.amegroups.com/articles/4058

（采访编辑：陈雪婷，AME Publishing Company）

AME通讯邮箱：kysj@amegroups.com
受访专家工作邮箱：guibinqiao@126.com
科室秘书处电话：020-88653544
科室地址及邮编：广州市流花路111号广州军区总医院1号楼11楼胸外科，510010

刘宏旭：
如履薄冰，如临深渊

编者按：在2015年8月22日—23日召开的"第三届深圳胸外科国际论坛"上，刘教授作了题为"胸腔镜术中出血的原因及对策"的演讲，通过直观具体的图片、视频跟大家分享了他在临床中的切身体会和经验总结。刘教授在发言中所说的"如履薄冰、如临深渊"的医者态度，受到该环节点评专家的特别赞许。会议上，AME出版社邀请了刘教授在视频采访中跟大家分享他的心得体会、实用经验。

刘宏旭，教授，主任医师，医学博士，博士研究生导师，原就职于中国医科大学附属第一医院胸外科，现任职于辽宁省肿瘤医院。刘教授为国际肺癌研究学会(IASLC)会员，曾于美国学习微创手术和肺移植，擅长胸腔镜、纵隔镜及微创漏斗胸矫形手术(Nuss法)，并在国际知名杂志发表论文多篇，获国家自然科学基金资助及多种奖励。

采访问题

1. 应对胸腔镜手术中"出血"这一并发症的经验对策有哪些？
2. 术者需要特别注意的可能引发并发症的风险因素有哪些？
3. 如何尽可能地预防胸腔镜手术的并发症？

AME
Publishing Company

刘宏旭：
如履薄冰，如临深渊

视频观看链接：
http://kysj.amegroups.com/articles/3383

（采访编辑：陆小雁，AME Publishing Company）

辽宁省肿瘤医院胸外科是省内胸外科领域的带头学科，其综合实力位居省内领先、国内先进水平。现由胸外一、胸外二两病区、肺癌筛查及戒烟门诊、辽宁省食管癌重点实验室和肺癌分子检测罗氏诊断科研实验室组成。目前是辽宁省重点专科，卫生部指定的食管癌和肺癌临床路径试点科室，承担卫生部主导的辽宁地区食管癌、肺癌筛查和早诊早治试点工作的指导和督查，是辽宁省最大的集科研和临床为一体的胸部肿瘤外科治疗中心。

AME通讯邮箱：kysj@amegroups.com
受访专家工作邮箱：hongxuliu@qq.com
科室秘书处电话：024-31916283
科室地址及邮编：沈阳市大东区小河沿路44号 辽宁省肿瘤医院胸外科，110042

刘伦旭：

胸腔镜外科，从蹒跚学步到快步如飞

编者按：2015年9月18日—19日，"第七届华西微创胸外科手术论坛暨首届中国西部胸外论坛"在四川大学华西医院顺利举行。借此机会，AME出版社对本次会议执行主席、四川大学华西医院胸外科主任刘伦旭教授进行了采访。

刘伦旭，教授，博士研究生导师，主任医师，四川大学华西医院胸外科主任。国家卫生计生突出贡献中青年专家。

在采访中，刘教授介绍了胸腔镜肺手术进步的四大方面，其中包括了胸腔镜下手术面临的困难及意外情况的处理，如肺癌手术中困难肺门的处理经验，胸腔镜下用"吸引一侧压止血法"来解决大血管出血等。刘教授还形象地用类似武术的"挑、拨、离、间、推"等动作技巧来介绍了"完全的无抓持整块淋巴结清扫"的处理思路和技巧。面对这些日新月异的外科技术，新一代的外科医生应该如何面对？刘教授也对此提出了非常宝贵的建议。

采访问题

1. 胸腔镜肺手术的进步总的来说体现在哪些方面？这对于新一代的外科医生来说，又有哪些机遇和挑战？
2. 大多数的外科医生，很难做到"完全的无抓持整块淋巴结清扫"，可否介绍一下您在这方面的处理技巧，其中需注意的要点和难点有哪些？

四川大学华西医院在国内胸外科领域有着辉煌的历史。20世纪80年代，率先在国内开展上腔静脉置换术、左心房部分切除术、体外循环下肺动脉主干/主动脉部分切除治疗局部晚期肺癌。食管分层吻合技术、胸内食管胃半机械吻合术均具国内领先水平。最近十年，微创技术在华西胸外科得到巨大发展，率先在国内开展全胸腔镜肺叶(癌)切除术，并在国内广泛推广。大量开展了微创胸腔镜食管癌手术及纵隔手术。科室还率先在我国成功开展了非体外循环下双肺序贯移植手术。

刘伦旭：
胸腔镜外科，从蹒跚学步到快步如飞

视频观看链接：
http://kysj.amegroups.com/articles/3623

(采访编辑：何朝秀，AME Publishing Company)

AME通讯邮箱：kysj@amegroups.com
受访专家工作邮箱：lunxu_liu@aliyun.com
科室秘书处电话：028-85422494
科室地址及邮编：四川省成都市外南国学巷37号，四川大学华西医院胸外科，610041

文字访谈

刘彦国：

手汗症研究，探索中前行

编者按： "中国医师协会胸外科分会2015年会暨第六届全国胸外科学术大会"于2015年6月13日—14日在杭州召开。会上，来自北京大学人民医院胸外科刘彦国教授报告了"R4交感神经切断术治疗手汗症Ⅳ期临床研究及单中心500例疗效分析"。作为我国第一位提出R4切断术的专家，他对R4切断术治疗手汗症的研究进展如何？中国、美国、西班牙同一年发布了手汗症治疗共识和指南，这三者之间有哪些共同点和不同点呢？下面一起来看看刘教授的专访内容。

刘彦国，医学博士，主任医师，副教授，北京大学人民医院胸外科胸部微创中心教授，主任医生。兼任中国医生学会胸外科分会手汗症专家组副主任委员、中国手汗症微创治疗协作组副组长、国家卫计委人才中心全国卫生人才评价专家组成员、国家医学考试中心专家委员会委员。

AME：首先，可否简单介绍一下我国手汗症的发病情况？

刘彦国：手汗症发病率不低，涂远荣教授课题组的流行病调查显示我国的手汗症的发病率约为2%。手汗症表现为手掌大量流汗，让患者十分痛苦。传统上没什么好的治疗办法，现在我们可能通过交感神经手术治疗，即在腋下切一个很小的口，利用胸腔镜切断胸交感神经。手术创伤性不大，安全性很高，效果非常好，康复率能达到95%以上。

AME：当初为什么坚持选择了研究手汗症这一领域呢？

刘彦国：2000年，我师从于著名胸外科专家王俊教授，在研究生阶段就开始了这方面的课题研究。2003年在北京大学医学部读博士学位时，博士课题就是与手汗症相关的，我是中国第一个做手汗症课题的临床医学博士。这十几年来我一直没有放弃这方面的研究。很多研究生在博士期间做一个课题，工作之后又放弃了去做了别的课题。我则是一直坚持做着这个课题。

在研究生阶段，我主要干了两件事情。一个是做交感神经手术的应用解剖，因为当时大家对确切的神经节和胸腔肋骨的对应关系以及交通支的走形等还不是特别清楚，对手术有一定的困惑，所以我跟我们北医的解剖教研室合作，对30多具尸体进行了解剖实验。相关文章于2005年发表在《中华胸心血管外科杂志》上，引用率特别高。二是，我们做了一个关于两种新手术方式(即R3与R4两个不同切断位置的手术，也就是过去所说的T3与T4切断术)疗效的多中心前瞻性随机对照研究。交感神经切断术做完之后效果非常好，但传统的手术不良反应很大，做完之后手心不出汗了，但会发生代偿性出汗，身上出汗增加，有的患者因此感到痛苦，甚至后悔手术。后来这个手术不断改良，到2004年之后主要着重于两个术式(R3和R4)。R3已经减轻了很多不良反应了，但代偿性出汗还是会有，少数患者很严重；R4是一种新术式，能进一步减轻代偿性出汗，但是和R3对比还不知道效果会怎样。2006—2009年，我们课题组的研究成果陆续发表在《中华医学杂志》《中华医学杂志》英文版以及《欧洲胸心外科杂志》上。这是国际上第一个进行R3与R4前瞻性随机对照的研究。得益于这些前期的交感神经研究工作，我们在2009年获得了中华医学科技进步三等奖。

AME：2011年所发表的中国、美国、西班牙手汗症治疗共识和指南分别有哪些共同点和不同点？

刘彦国：2009年，在王俊教授倡导、涂远荣教授的牵头下，我们和杨劼教授及国内的一批专家成立了中国手汗症微创治疗协作组，研究公布了《中国手汗症治疗专家共识》，经过2年多的反复修定，2011年发表在《中华胸心血管外科杂志》上。这一年，美国胸外科医生协会(STS)也在*Annals of Thoracic Surgery*(*ATS*)上发表了STS的手汗症专家共识，同年欧洲西班牙也出了一份欧洲手汗症治疗指南。后两个指南对来自中国的文献作了重点引用。中国专家在手汗症方面的研究实际上是走在世界前列的。在2015年医师年会上，我们成立了"中国医师协会胸外科分会手汗症专家组"。我们打算基于2011年到现在这几年的循证医学证据，再出一份英文版的中国手汗症指南，供国际同行参考。

中国、美国和欧洲这三种手汗症共识或者指南也有异同之分，都强调了手汗症对人群影响的严重性，患者需要得到有效的治疗。因为一直以来大家对这个病的认识并不是很清楚，在传统的教科书、专著上都找不到这个病。现在大家公认手汗症确实是一种疾病，给患者带来十分痛苦的感受，所以三份共识都认为手汗症是对人群影响很大的疾患。第二点共识是，到目前为止，交感神经手术是唯一一种对手汗症有稳定持续疗效的治疗办法。其他诸如药物治疗、局部腐蚀等治疗方法效果都不好，真正管用的就是交感神经手术。第三点共识是，胸腔镜手术是最优的手术方式。现在主流的做法是通过腋下一个小口作为胸腔镜入路，伤口很小，很隐蔽，符合美容效果。这两年有的医生提出经口腔、经肚脐等舍近求远的术式，手术创伤差不多，安全性和质量却大打折扣，没有实际意义，行之不远。另外第四点共识则是关于术式的选择和术后效果、不良反应之间的关系。传统的术式R2~R4的切除不良反应很大，代偿性出汗很严重。所以1992年之后就一路改良，由原来的切除改到切断，原来是好几个位置切断，后来改良到两个位置即R3和R4切断，再后来改良到一个位置切断。我在国内第一个提出单一位置的切断，后来证明这也是没什么问题的。

在上述共识中，关于R3和R4切断术是有争议的。这几年国际上出了好几个关于R3、R4的随机对照研究，一致都认为R4比R3好，不良反应也最轻。然而事实上从我们做对照研究之初，我就注意到虽然R4做完后治疗效果也不错，但有的患者还是会有点出汗，有的反映这样挺好，认为太干了反而会难受。但有些人会出汗出得更多一些，还有的远期复发，所以这些年我一直专注于R4术式的研究，尤其是术后手掌潮湿患者的远期效果研究。

AME：目前您所进行的关于 R4 术式的研究进展如何？

刘彦国：今年我们的研究将会有一个相对重大的发布。虽然从2007—2014年国际上发表出来的所有对照研究都说R4好，但是R4也有不良反应，例如潮湿和复发的问题，因此也一直有人质疑。美国共识中也提到R4的术式对一部分人来说效果并不好，需要警惕，所以我一直都没有放弃对R4术式各方面细节的关注。这一次我们发布的就是从2004年到现在我们所做的500多例R4病例，是国际上关于R4最大的单中心报道，是继随机对照的Ⅲ期临床研究之后的"Ⅳ期临床研究"结果。我们要继续细化，看看远期来讲，R4术式的不良反应的影响到底大不大。手掌潮湿效果不佳的这类"非获益人群"的相关因素是什么，患者满意率怎样，等等。这是今年手汗症领域很值得期待的一个结果。

AME：对于手汗症的进一步研究，您觉得有哪些方面可以继续深入地探讨？

刘彦国：手汗症是一个小众疾病，关注度低，不像肺癌那样受到广泛关注。现在或多或少开展这一手术的单位很多，但真正上规模、有深入研究的单位不多。国内外都是这么个情况。由于关注度低，一些医院开展的例数很少，还在采用很老的手术方式，这其中有中国的医院，甚至也有欧美的一些知名的大医院。中国人在手汗症研究方面走在了世界前列。未来我们还要加强中欧、中美的对话与交流，随时把一些新的成果推出去。手汗症是一种先天性的良性疾患，其病生理机制方面还有很多未知的东西，现在随着手术技术的成熟，我们接触的病例数量越来越大，结合这些患者可以作一些深入的探究。此外代偿性出汗的机理，也是一个非常值得研究的问题。

（采访编辑：陈雪婷，AME Publishing Company）

AME通讯邮箱：kysj@amegroups.com

受访专家工作邮箱：liuyanguo@pkuph.edu.cn

科室秘书处电话：010-88324078

科室地址及邮编：北京市西城区西直门南大街11号 北京大学人民医院胸外科，100044

刘家全：

单孔胸腔镜手术，越微创越好？

编者按： 近来年，单孔胸腔镜技术的发展越来越成熟，然而关于单孔胸腔镜是否优于双孔、三孔的讨论一直没有停止。AME出版社特别邀请了第四届亚洲单孔胸腔镜研讨会(ASPVS)大会主席刘家全教授为我们解读单孔胸腔镜的前景。

刘家全，教授，医学博士，台湾中山肿瘤中心胸外科主任。擅长肺癌、食管癌、胃贲门癌、纵隔肿瘤、转移性肺癌的治疗、精于胸腔肿瘤(包括肺癌及食管癌)等微创手术。

1 单孔胸腔镜下淋巴结清扫的进展以及剑突下单孔手术的优势

有关单孔腔镜下淋巴结清扫的部分，因为其实从三孔变成两孔，两孔变成单孔，代表着伤口情况改变了，距离也改变了，所以器械、想法都得跟着变，不然的话，单孔还是有局限性的，不太可能能够清扫得这么干净。所以在碰到不同的困难时，不是说困难就不能做，而是要想办法去解决。比如，有些方法，有些暴露的方式可以增加清扫淋巴结的干净度，那这些淋巴结清扫方法相关的文章，其实我们已经放到了Youtube，甚至发表在*Annals of Surgery*。所以我想，只要经过学习曲线，其实单孔可以和传统术式、两孔、三孔，甚至说日本的开放式手术一样能将淋巴结清扫干净。另外，关于剑突下入路的问题，在早期，我们做了一些比较性的研究之后发现，其实在疼痛方面，单孔和双孔在疼痛指数上差异不大，我们指的疼痛上的差异不是指单孔和多孔的差异。即便我们把伤口变得更小，胸管的尺寸变得更小，疼痛指数上也并没有降低到统计学上的有意义，也就是说，即使我们还是执着于传统的肋骨间入路的话，疼痛还是没法减轻。所以之后我们就发展了剑突下的肺叶切除。剑突下的肺叶切除和传统的经由肋骨间的肺叶切除是不一样的，传统的是从胸壁上往下攻肺门，而我们的剑突下入路是由纵隔平行过去攻肺门，所以一个是由上往下，一个是平行的。同样攻的都是肺门，但是因为这些入路手法上的差异，所以我们就必须有一些必要的修正模式。我们现在已经可以做到肺叶切除、肺段切除，但是从淋巴结完全清扫的难度上来讲，还是比较困难的，取样一般没问题，但是要将淋巴结清扫得完全干净是做不到的，所以一定要掌握好手术适应证，慎选患者。这个可能要依赖以后的机器人或者更先进的单孔的剑突下器械帮我们解决这个问题。

2　剑突下淋巴结清扫的主要困难

因为我们伸进去的角度是平行纵隔的，如果你要清扫纵隔以下的淋巴结，必须要靠转弯的器械，所以器械就不能像以前传统的器械那样。我们现在在努力找寻一些合适的器械，希望在不久的将来可以解决这个问题。

3　单孔腔镜切口问题

有些教授采用腋前线第5肋间切口，有些则通常采用腋前线第6肋间切口，然而其实第4、第5、第6、第7肋间切口都可以，甚至是剑突下切口我们都能做。单孔的手术方式取决于你的手术技巧，比如，怎么样去安排你的器械，怎么样去达到你的目标。单孔最简单的一个观念就是说从患者伤口到你的解剖目标，只有一条线是直的，就是只允许有一根器械是直的，这通常是留给术者的右手用来做最重要的动作的。比如说，打枪或者是游离，其他的器械就必须绕道而行，也就是说，其他的器械都应该是弯的，然后怎么样把这些东西安排到最顺的角度，这就是单孔。有些人喜欢第4、第5、第6、第7肋间切口，像我们用剑突下入路一样都能做，具体得看术者的手法和病灶的位置以及使用的器械来决定。比如上肺叶切除的切口，有些人比较喜欢第4肋间切口的原因就是考虑打血管的问题，我们考虑第6肋间切口的原因也是因为上肺静脉在这个时候比较不好打，而不好打的原因就是因为现在的枪在回旋半径和转弯角度上有限制，所以这个并不是技术上的问题，当然技术在一定程度上也可以克服这些问题，但是，如果器械能更先进一些，那我们操作起来就不用再受限于这些因素了。

4　剑突下单孔对器械的依赖性

我们起码要有30°镜，然后要有转弯的枪，要有比较长的器械，这些都是肯定的。

5 对完成剑突下单孔最重要的要素

外科手术一定需要团队的合作，所以绝对不是只要有外科医生一个人就可以做。对于手术来说第二重要的可能是扶镜手，扶镜手必须要知道手术的标底，然后又要不妨碍外科医生的右手，也就是我刚刚讲的一条线，那个位置一定是留给外科医生右手的(主刀者的右手)。所以在不干扰主刀者器械操作的情况下，扶镜手要让大家看清楚，这是重点。总的来说，剑突下单孔手术对扶镜手的要求会比较高。

6 单孔操作时器械"打架"问题的处理方式

器械方面，用2 cm的、3 cm的、4 cm的，我们都能做，比如用3 cm的器械做肺段切除，比如右下的第八个肺段，我们都可以做，主要就看你怎么安排你的器械。洞就是那么大，加上伤口保护套以后，它就可以稍微有点弹性。另外还要考虑你器械的直径大小，即它的管壁，越小的话就越容易操作，所以有些新型的器械，比如说日本的endo-relief，它的器械抓力很强，但是它在最细的地方，直径只有3 μm。所以这些很创新的想法，都是由于大家碰到了问题，想去解决问题才产生的创新。所以其实器械直径是多少并不是重点，重点是在保证手术安全的前提下，你怎么样去解决问题。所以我觉得伤口大小并不是主要的问题。

7 伤口保护套的优劣

伤口保护套有两个好处，一个是可以使伤口干净，保护肋间神经，然后不容易让镜子脏。其他的好处就是，肿瘤在拉出来的时候可以避免肿瘤因为不小心沾染组织液，或者是伤口在肿瘤直接拉出来的时候破掉了，污染伤口，引起肿瘤的种植。这是最重要的好处。

不用的好处是，伤口保护套难免还是对组织有一些拉扯。Diego不太喜欢用伤口保护套，我想这也是可以接受的，只要你有适当的方法去保持镜子的干净，用不用，我觉得并没有太大的问题，毕竟每个人的喜好不一样。

8 单孔胸腔镜的未来

在某些情况下，如何去处理我们该解决的问题，完全取决于你碰到的是什么情况，就像你想要搭飞机，你可以坐的士到机场，也可以坐快捷。那是不是一定要坚持用单孔，我想这是绝对不对的。那就我个人而言，虽然说今天早上进行了单孔、双孔、三孔的讨论，但我觉得这个世界之所以美丽，是因为大家不同。所以在我的观点里面，并没有单孔一定比双孔好，双孔一定比三孔好，没这回事。只有变异越多，就像我们的基因库，拥有不同才华的人才会表现出来。所以我是觉得绝对不要去限制太多，每一种手术方式的存在都有一定的必要性。其实我们最终的目的还是患者的安全，患者最后的治愈。所以任何一种方法，只要它能够达到这种目的，就都是好的。

单孔的技术就像你从三孔跳到双孔，或者从开放跳到传统，你说他会不会走回到双孔或三孔，我想这就看个人的努力、患者的情况。未来会怎样，时间会告诉我们。但是我想一定会是越微创越好。

9　台湾的单孔手术经验分享

一直以来，台湾在胸腔镜方面有非常多元的发展。包括机器人手术，包括不插管手术，包括我们的剑突下入路手术。其实这些都不是单孔、双孔或者是三孔一言以蔽之的。所以我非常高兴而且非常荣耀，我之所以觉得高兴和荣耀并不是因为我们在单孔上稍微有一点点成绩，而是觉得我们在这方面有多元性，并且大家肯努力去解决问题。所以这个世界美好就是因为有多样性。

（采访编辑：尤小红，AME Publishing Company）

AME通讯邮箱：kysj@amegroups.com
科室秘书处电话：(02)2897-0011；(02)6603-0011
科室地址及邮编：医疗财团法人辜公亮基金会和信治癌中心医院，台北市北投区立德路125号

刘德若：

莫忘少年志，莫畏行医难

编者按：在见到刘教授前，就听汪社长提过刘教授为人风趣善谈、明于哲理。后有幸遇见刘教授，所以把握住了访谈的机会，就其工作与生活方面的几个问题与其进行了交流。没想到在回答第一个问题时，刘教授就语出惊人："其实很多熟悉我的朋友都说我不太适合干胸外科，我也有同感。如果我去写诗歌或者画画，大概会比做外科医生做得好吧。"下面是采访中的摘录，详细采访内容请见采访视频。

刘德若，医学博士，主任医生，博士研究生导师，中日友好医院大外科、胸外科、肺癌中心主任。现任北京医学会胸外科分会候任主任委员、中国医生协会胸外科医生分会常委、北京医学会胸外科分会微创学组组长、中国医促会胸外科分会主任委员、中国医生协会住院医生规范化培训胸外科委员会委员，同时兼任多个杂志编委。

在从医过程中，刘教授始终以患者为中心，医德至上。刘教授曾经说过："外科大夫，是用一针一线牵系着患者的一家安危，面对各种诱惑第一就是靠道德的力量。德，就是修炼自己。当医生，德和技术同样重要，该治的病再大的风险也要冒，不该做的手术再小也不做，不该用的药一片一支也不多用，不该做的检查一项也不多做。"

问到想送给年轻医生的一句话时，刘教授会心一笑，说道："莫忘少年志，莫畏行医难。"从医30多年，刘教授始终心中有大爱，无论为人师表、专业理论还是临床技能，都是"大师"，所以传道、授业、解惑也。

末了，刘教授意味深长地谈到，凡成大事者，都要经历几个阶段，王国维的《人间词话》对此作了很好的概括。"昨夜西风凋碧树，独上高楼，望断天涯路"是第一阶段，意为要选好方向。"衣带渐宽终不悔，为伊消得人憔悴"是第二阶段，意为选好方向之后，要不懈为之奋斗。第三个阶段则是"众里寻他千百度，那人却在灯火阑珊处"，解读为艰苦付出之后，踏破铁鞋无觅处，得来全不费工夫。

中日友好医院实行365天无假日门诊，是北京市A类定点医疗机构。中日友好医院胸外科是全国一流科室。美、英、日等国家胸外科著名专家为该科名誉教授。该科人才力量雄厚，设备一流，拥有大批专业及科研能力强的胸外科专家，大多数具有医学博士、硕士学位。

下面这首出自刘教授的诗作，也许会让同为外科医生的你产生共鸣。

真善至美

什么是外科医生的责任？
它是科学与技术融为一体，
真与善集于一身，
民俗与法律的和谐，
哲学与信仰的提问。
每治愈一位患者，
就像是完成了一件不可重复的永恒的艺术真品。
浩瀚的宇宙中，
除渺小的地球以外，
还有水存在吗？
还有生命存在吗？
还有具备灵魂的生命存在吗？
使这种生命继续思维，
哪怕只延长一分一秒，
其意义还有什么能与之媲美？
因为只有思维可以超越宇宙之边，
进入粒子之内；
前于宇宙之发生，
远于宇宙之毁废；
不但复杂于过去和现在，
还复杂于未来。
外科医生的工作之真善至美是不言而喻的了。

刘德若：

莫忘少年志，莫畏行医难

视频观看链接：

http://kysj.amegroups.com/articles/4196

采访问题

1. 您与胸外科是怎么结缘的？
2. 对于年轻医生，您觉得选择胸外科的优势在哪？
3. 您最难忘的一次胸外科手术是哪一次？
4. 如果有一天，您不做外科医生了，您最想做什么？
5. 您如何协调忙碌的工作和生活(爱好)？
6. 您怎么看待外科技术的传承？

（采访编辑：黎少灵，AME Publishing Company）

AME通讯邮箱：kysj@amegroups.com

受访专家工作邮箱：deruoliu@vip.sina.com

科室秘书处电话：010-84206186

科室地址及邮编：北京朝阳区樱花东路2号中日友好医院胸外科，100029

李小飞：

中国建立数据库势在必行

编者按："第十届中国胸外科主任肺癌高峰论坛暨第四届中国胸外科肺癌协作组 (CLCCG)高峰论坛"于2015年5月24日在广州顺利召开。在本次会议中，来自各地的胸外科肺癌专家针对会议主题"精准医疗"进行了积极的讨论。AME出版社有幸邀请到第四军医大学唐都医院胸外科主任李小飞教授分享他最新的辅助治疗研究以及关于建立中国肺癌数据库的见解。

李小飞教授是我国著名的胸外科专家，国家级重点学科、全军及陕西省胸外科专科的学术带头人，博士研究生导师。从事胸外科临床教学和科研工作30年。近5年来，发明了5项全新的手术技术，带领团队在国内率先完成了10项高新手术。

在这次会议中，李小飞教授介绍了一项血液检测和组织学检测基础上的辅助治疗研究。李教授设计的这项研究主要是为了明确化疗与靶向治疗的联合模式对于辅助治疗的作用是否存在差异。在这项研究中，李教授同时纳入了血液研究，因为他所在的胸外科在前期做了一项关于血液的检测，如肺癌患者的组织EGFR已经呈阳性，则用患者在手术前一天所抽的血液做检测，检测患者血液中的EGFR是否也呈阳性。若手术患者的组织中已经产生了突变，血液中是否也存在突变呢？李教授回答，他们的团队对术前患者预存的血液进行相应检测，若手术完后组织不再呈阳性，那就继续检测患者的血液是否为阳性，此为这项研究的主要工作。在这次研究中共有128例患者纳入了统计，经过随访后发现，仍有患者在术后的血液检测呈阳性，但分期越早阳性越少。在肺癌Ⅱa仅有10%以下的灵敏度，但到了Ⅱb~Ⅲa期，却达到了30%的灵敏度，那意味着在肺癌的Ⅱb~Ⅲa期，有30%的人在血液里也有突变，并可以检测cfDNA的突变。此项研究的结果如果能在大宗数据下研究成功，必将填补多项空白。研究发现，在36例Ⅲa期肺癌患者中，有12例呈双阳性，对比组织及血液双阳性和单阳性患者后发现，双阳性患者在早期死亡率相当高，而与之相反

第四军医大学唐都医院胸外科合影

在李小飞教授的带动下，唐都医院胸腔外科科室规模由100张床位扩增到393张床位，增长率为300%，目前为我国最大的胸外科中心。科室年收容由2008年的2 000人增长到2015年的14 000人次，收治患者数居全国胸外科行业第一，手术量居全国前三，全军第一。

的是，28例单阳性患者中仅有1例死亡，这是值得关注的现象并有进一步研究的必要。

关于未来中国肺癌大数据库的建立，李教授表示，目前中国和其他国家的研究还存在较大差距的其中一个原因就是数据库的不完善、不统一，导致了结果的不统一、不可信等一系列的问题。所以，中国建立肺癌数据库是势在必行的，或者说必须等数据库成功建立后，才能在信息准确的条件下进行肺癌治疗的研究，这也是精准医学的重要部分。李教授认为，精准医学的首要部分就是要保证数据的准确，如此才能得出科学的正确的结论。若没有数据库，得出的结论很可能存在偏差，因此数据库是一切研究的基础，中国学者必须高度重视数据库的建设。然而数据库建立的前期工作是相当困难的，因为它涉及到方方面面的除临床研究外的大量工作。最后李教授表示，精准医学从传统医学到现代医学都是人们追求的目标，我们也将为实现这个目标而努力奋斗。

（采访编辑：黄楚君，AME Publishing Company）

AME通讯邮箱：kysj@amegroups.com
受访专家工作邮箱：lxfchest@fmmu.edu.cn
科室秘书处电话：029-84717367
科室地址及邮编：陕西省西安市灞桥区新寺路569号，唐都医院胸腔外科，710032

李印：

食管癌外科治疗面临的挑战

编者按： "中国医师协会胸外科医师分会2015年年会暨第六届全国胸外科学术大会"于2015年6月14日在美丽的杭城落下帷幕。为期一天半的会议以专业论坛的形式就有关胸部外科各领域学术及手术技术的进展进行了广泛交流，并就大家关心的与医务界相关的热点社会、人文、法律问题和学科建设等主题进行探讨。会上，河南省肿瘤医院副院长李印教授接受了AME出版社的采访，分享其食管癌方面的诊治经验。

李印，教授，主任医师，博士研究生导师，河南省肿瘤医院副院长。

1 食管癌外科治疗面临的挑战

这是一个励志的话题，据全球数据统计显示，中国在食管癌外科有着比较大的反差：一方面，中国食管癌的发病率和死亡率很高，占全球食管癌患者总人数的一半以上。另一方面，中国有全球最大的专家队伍和医师队伍。但同时，中国在学术上的贡献和创新性的工作，还面临着比较多的问题。这些问题来自于很多方面，不仅是技术和学术方面的问题，还包括经济、地域差别的问题，这也是中国胸外科不同于欧美、日本等发达国家和地区胸外科的地方。"食管外科目前在国际上流行的所有术式都来自于西方胸外科同道，我们没有创新性的工作，这是不可置否的，也是中国胸外科医师感到比较尴尬的地方，同时也是我们需要继续努力的方面"，李教授指出。但是相对于西方来说，中国的医疗环境和起步确实存在很多客观影响因素。在此基础上，中国胸外科医师做了很多工作，比如对国内食管外科方面所做的工作进行梳理，从中我们看到有些专家也做出了可圈可点的成绩。"当然，更重要的是要正确地面对这些不足与差距。报告的重点实际上是对前面提到的内容作一个引申，介绍食管癌的历史和我们现在做的工作，存在的不足之处，以及与欧美、日本等国家和地区相比在

河南省肿瘤医院是郑州大学附属肿瘤医院，也是卫生部指定的全国市、县级医院肿瘤规范化诊疗指导医院。该院胸外科成立于1979年，是国家临床重点专科、河南省临床医学重点学科、大中华胸腔镜外科学院(GCTAB)培训基地、全国食管癌临床研究分中心、河南省食管癌诊疗中心、河南省胸部肿瘤微创中心所在科室。

学术上所取得的成绩"，李教授表示。其中让李教授感到触目惊心的是，在MEDLINE初步搜索发现，中国食管癌患者的数量占全球一半以上，但中国医师们所发表的文章、进行的临床研究却只占了10%左右。面对这样不平衡的发展，李教授认为，我们首先要解决的是技术和学术上的问题，而经济上及社会上的问题是另外一个需要考虑的方面。所谓技术上的问题，其实由来已久，比如西方国家也没能解决的食管反流、神经功能保护等问题。另外一方面，是胸外科医师所采取的术式的问题，比如左右开胸的对比。实际上左开胸在西方国家已经不再开展，但是他们还在开展transthiatal手术，这主要是因为东西方疾病谱不同，包括疾病的病理性质、发病部位都存在差异。西方国家患者的病灶主要以腺癌、下段为主，而亚洲主要是以中段为主，这决定了我们的术式可能与他们不一样。从现在的数据来看，经右胸食管癌R0切除是大的趋势。李教授也提到，我们现在所面临的一个问题是，由于并发症以及术后患者恢复期管理情况复杂等问题，有些医生对胸外科技术有所妥协，认为不需要做如彻底的淋巴结清扫等比较复杂的手术。另外，随着一些新的治疗手段的出现，如化疗、放疗等，综合治疗也得到了大家的认可。"显然，这些都不能够成为胸外科医生放弃对高质量、高标准外科技术追求的原因。胸外科医生首先应该把自己的事情做好，把手术做彻底、做漂亮、做规范，努力克服技术上存在的一些困难。我们把手术做好，做精，有所创新，才能谈到与其他学科的结合，才能谈到精准医学，才能谈到高质量的临床研究和数据"，李教授说道。

2 李氏吻合

食管癌并发症的问题主要是指胸胃相关并发症，而胸胃相关并发症最主要是吻合口瘘的问题，这也是令胸外科医生比较头疼的一个问题。李教授指出，在食管吻合方面，中国胸外科医生也走过一些弯路，通过总结过去常规的不同吻合方法的实践经验，我们发现过去的方法虽有优点，但是也存在不足之处。

"高年资医生所做手术也会出现吻合口瘘并发症，说明这不是技术问题而是方法上的问题。所谓技术问题就是指术者的熟练程度、对外科技巧的掌握程度。许多医生有几十年的外科经验，我相信技巧、技能、技术上是没问题的。但是如果方法不对，那么还是难以避免吻合口瘘的发生"，李教授表示。正是因为认识到了这一点，李教授才不断改进吻合方法，取长补短，创新性地设计了独特的吻合方法，即"李氏吻合"法。关于"李氏吻合"法的科学性，已经有相关实践结果加以佐证：患者术后第1天可以吃饭，术后5~7天就可以出院，并发症发生率非常低，吻合口瘘发生率非常低。

"李氏吻合"法主要考虑两个方面的因素，即影响食管胃吻合口瘘最重要的两个方面，一方面是张力，吻合口要没有张力；另一方面是要保证吻合口有很好的血运。李教授进一步分析说，"首先在对胃进行处理及保护方面，需要有一个血运很好的胃，在此基础上，找一个血运比较丰富的位置作吻合，这是两个前提。再一个就是吻合。现有的吻合可以总结成两大类，一大类是单层吻合，另一大类是分层吻合，各有优缺点。单层吻合相对来说操作简单，抗张力能力强。因为把全层缝在一起，很结实。值得指出的是，由于单层吻合是从里到外贯通的，如果有一针出现问题，那就有可能导致吻合口瘘的发生。如果是器械吻合的话，那就是贯通的吻合，把几层压在一起，由于不同人的食管厚度不一样，容易出现局部出血，甚至坏死。这是单层的优缺点。另一种就是分层吻合，将黏膜层和肌层外膜分开，单独缝黏膜层，这是一种双层吻合，互相保护，而且吻合面不在一个层面，如果有一层出现问题，另一层有保护作用，这是优点。缺点是抗张力能力下降，因为分成两层来承担张力的话容易出现局部撕裂，咳嗽或某一针的力量分布不均，都会引起撕裂。我的方法是将单层和分层结合在一起，既分层又有一个套入，这样的话就能让吻合口充分地松弛无张力，保证两层都没有张力再加上一个三层吻合就会更安全，如果前两层出现了问题，还有第三层。"

在李印教授的带领下，河南省肿瘤医院胸外科团队在国际上开创性地开展了以"李氏吻合"为基础的食管癌加速康复外科和相关技术的临床研究，首创了"免管免禁法"食管外科加速康复模式，在国际上首次提出并实现了食管癌术后无需放置胃管、营养管，术后第1 d即可经口进食、拔除胸管、下床活动、术后5 d即可出院的外科治疗新模式，患者的围术期生活质量大大提高、并发症减少、住院费用明显降低，这一原创性重大技术创新在国际食管外科技术发展史上具有里程碑式的意义，获得了国内外知名专家同行的肯定和赞许。李教授先后被北京、上海、广州等十多家全国知名医院邀请进行学术推广和手术演示，多次应邀在国际及全国性学术会议上作专题发言及手术表演。此外，还举办了全国性的高级培训班(高级职称、三甲医院)20余次，学员来自20多个省份和地区。

3 继往开来，盛会再续

随着今年中国医师协会胸外科分会年会的圆满落幕，协会进行了会旗交接仪式，宣布中国医师协会胸外科分会2016年年会将在郑州召开，由河南省肿瘤医院胸外科承办。作为下一届会议的执行委员，李印教授从张逊会长手中接过会旗。

回顾今年的年会，李教授高兴地表示："今年的会议确实比较成功，这也是张逊会长上任后举办的第一次年会。参会人数第一次超过1 000人，这也见证了这几年胸外科医师队伍的发展壮大。随着学术氛围的不断浓厚，以后的情况会更好，尤其是对于一些中青年医生、教育层硕士、博士和高学历人员来说，一方面他们临床实践机会少，同时他们有很高的要求和追求，再加上竞争环境使然，因此这样一次参会交流的机会实属难得，所以参会的人数以后会越来越多。"

"我相信明年参会的专家会更多，我们也会做得更好，因为我们在不断地吸取经验。对于明年会议在河南承办，我们肯定会有不少压力，因为河南省相对经济比较落后，在河南举办会议是对我们的一种鞭策。不过，河南地处中原，交通方便，也便于大家参会。我希望大家能够从现在开始一起献计献策，筹备明年的会议，把会议办得更有特色。在此之前，我们借鉴了比较有特色和经验的欧洲胸外科医师学会(ESTS)年会、美国胸外科学会年会(AATS)等国际胸外科大会。明年我们也想尝试学习ESTS，像AME出版社推助的ESTS病例大赛亚洲队选拔赛这样的竞赛一样，不断轮番地宣传交流，把不同地区的特色突显出来，更好地展现中国胸外科的特色。随着与欧美等国家和地区同行们的交流增多，我们也想借助此次会议加强与国际的合作，邀请欧美、亚洲优秀专家参加医师协会，同时中国医师协会也可以逐渐纳入香港、台湾、澳门的专家，让队伍不断壮大，会议举办得更好，进一步提高我们中国胸外科的影响力。就像今年亚洲队在ESTS年会病例临床决策大赛中取得冠军一样，我们希望在自己的年会上吸引欧美等国家和地区同行的注意，突显中国胸外科特色。"李教授充满信心地谈到。

(采访编辑：黎少灵，AME Publishing Company)

AME通讯邮箱：kysj@amegroups.com
受访专家工作邮箱：liyin825@aliyun.com
科室秘书处电话：037165588147
科室地址及邮编：郑州市金水区东明路127号10号楼9楼胸外一病区，450000

视频访谈

李章铭：

机械臂辅助手术优缺点共存

编者按： "第三届深圳胸外科国际论坛暨《中国原发性肺癌诊疗规范》全国巡讲(深圳站)"于2015年8月22日在深圳市第三人民医院隆重开幕。会上，会议特邀讲者、来自台湾大学医学院附属医院的李章铭教授接受了AME出版社的采访，分享了其对机械臂辅助手术的研究及外科医生参与学术活动与胸外科手术工作的看法。

李章铭教授是亚洲发展微创手术重要先驱之一，他对于台湾的外科及医疗环境有相当程度的了解。他也致力于胸腔镜微创手术教育发展，特别是食道微创手术、机器人手臂辅助手术及经口内视镜手术等复杂手术。李教授也是许多知名科学期刊的编辑委员之一，其个人科学著作已发表百篇以上。李教授为整个台湾胸外学界发声，并积极参与外科教育的方向制定。

采访问题

1. 您觉得作为胸外科医生，应该如何利用指南类的书籍？如何结合其内容运用到实践当中？
2. 您今天与我们分享了机械臂辅助手术的应用，您能与我们讲讲机械臂辅助手术的优缺点吗？
3. 除了临床工作，您也参与了很多的学术活动，那么您觉得应该如何平衡胸外科手术与学术活动？

AME
Publishing Company

李章铭：
机械臂辅助手术优缺点共存

视频观看链接：
http://kysj.amegroups.com/articles/3344

（采访编辑：高凤平，AME Publishing Company）

台湾大学医学院附属医院(通称台大医院)是台湾一所公立医疗机构，乃台湾第一所提供西式医疗服务的医院，创建于1895年。现今为台湾大学医学院下辖的一所教学医院。创建迄今百余年来，台大医院培育医界人才无数，包括医学生、专科医师、药师、护理师等医事人员等，学员分布全球各地，头角峥嵘，表现优异。在医疗服务方面，台大医院的临床医疗质量更是闻名遐迩，备受信赖。而台大医院在肝炎、器官移植、癌症的诊断治疗及生医光电和临床试验药物研发上的尖端研究成就，亦获得国际的肯定，从而享负盛名。专长医疗项目：肝炎、器官移植、鼻咽癌、癌症诊断治疗、生医光电。

AME通讯邮箱：kysj@amegroups.com
受访专家工作邮箱：jangming@ntuh.gov.tw
科室秘书处电话：886-2-23123456分机65123
科室地址及邮编：台湾台北市100中正区中山南路7号外科部胸腔外科

视频访谈

李章铭：

两岸人民同文同种，共创美好

编者按："第四届国际胸部肿瘤西子论坛(国家级继续教育项目)暨胸部微创新技术、快速康复——气道管理学习班"于2015年11月11日—15日在杭州世外桃源皇冠假日酒店举办。十一月份正值国际肺癌关注月，众多国际、国内知名胸部外科专家到场参与以微创技术为主体，结合气道管理和快速康复新理念的学术研讨。AME出版社对在此次大会中作了"Robot-assisted thoracic surgery in treating thoracic malignancy"精彩演讲的台湾大学医学院附属医院胸外科主任李章铭教授进行了采访，采访中还邀请了其就两岸领导人会面发表了自己的看法，认为两岸人民同文同种，共同思维，应该要多接触多交流来增进感情，"亲兄弟姐妹不交流就会形同陌路"，并指出两岸"交流还可扩大，提高质和量""共创美好"。

简介见前文。

采访问题

1. 李教授，您这次会议的主题是机器人辅助治疗胸部肿瘤，您可以简单介绍一下机器人在医学或临床方面的应用和发展前景吗？
2. 您觉得最值得您骄傲的一项研究成果是什么？或是最难忘的一个手术？
3. 李教授，您当初为什么选择做一名胸外科医生，这其中有什么渊源吗？
4. 最近两岸关注度非常高的两党领导人会面，必定会给两岸各方面发展带来一定的合作和发展契机，请问李教授对于两岸在胸部肿瘤外科甚至整个临床医学方面的发展有何期待？

李章铭：
两岸人民同文同种，共创美好

视频观看链接：
http://kysj.amegroups.com/articles/3887

（采访编辑：何莎，AME Publishing Company）

AME通讯邮箱：kysj@amegroups.com
受访专家工作邮箱：jangming@ntuh.gov.tw
科室秘书处电话：886-2-23123456分机65123
科室地址及邮编：台湾台北市100中正区中山南路7号外科部胸腔外科

李辉：

严于术前，精于术中，勤于术后

编者按："第十届中国胸外科主任肺癌高峰论坛暨第四届中国胸外科肺癌协作组(CLCCG)高峰论坛"于2015年5月24日在广州顺利召开。会上，首都医科大学附属北京朝阳医院胸外科主任李教授接受了AME出版社的采访，分享他对于本次会议主题"精准医疗"的看法、对肺癌治疗手段的评价以及给年轻医生的建议。

李辉，主任医师，教授，博士研究生导师。现任首都医科大学附属北京朝阳医院胸外科主任、首都医科大学肺癌诊疗中心副主任。担任北京胸外科专业委员会副主任委员，AATS、STS、ESTS会员。在临床医疗第一线工作30余年，主刀胸外科大型手术5 000多台次，擅长疑难危重病例的诊治，特别是肺癌切除术、食管癌根治术以及肺移植手术，近年来在微创胸外科领域享有较高的学术威望。

1 外科医生如何协助实现精准医疗

根据美国国立癌症中心的定义，"精准医疗"是指利用遗传信息来指导治疗。我认为精准医疗应该涵盖患者在治疗过程中的方方面面，从前期的诊断到后期的随访，每一个步骤都涉及到精准医疗。

我们应该通过精准医疗的这个理念来指导我们不同层面、不同阶段方方面面的工作，并且利用现在最先进的科学技术方法，如数字影像，来达到精确诊断和精准治疗的目的，而非让它成为一个炒作的概念。实际上，我认为实现精准医疗需要不同层面的人员合作，如我们国家卫计委、市政府、医院，以及各个领域的医生，从而不断完善医疗系统。

外科医生可以从以下两个角度协助实现精准医疗，一是为精准诊断提供必要的帮助，如外科医生通过不同的方法取得活检标本，从而为诊断和下一步治疗提供精准的依据；二是如何在手术过程中体现精准治疗，我们可以理解为精准外科，它是指使手术变得更加精细化。这个基础其实是指通过技术将一些影像学资料进行转换，然后和患者的真实情况进行叠加，从而更真实地体现患者的情况，指导我们做好手术中的每一步。

首都医科大学附属北京朝阳医院创建于1958年2月24日，是北京市卫生局直属医院，是集医疗、教学、科研、预防为一体的三级甲等医院，是首都医科大学第三临床医学院，也是北京市医疗保险A类定点医疗机构。该院胸外科隶属北京市呼吸疾病研究所，拥有多位知名的专家，技术力量雄厚。目前拥有设备：胸腔镜、纵隔镜、电子气管镜、EBUS、荧光气管镜、有创及无创呼吸机、多功能监护仪、振动排痰机、下肢驱动泵等。

2 批判对待新的治疗技术

手术目前仍是各个时期肺癌治疗的主要治疗手段。近期对于早期肺癌的治疗手段越来越多，如最近提出的立体定向放疗，这也引发了各种关注和讨论。我认为，对于新的治疗手段的出现，我们一方面需要不断实践获取数据来支撑论点，另一方面不应该仅局限于胸外科医生的角度，而是应该从一个肿瘤医生或者医生的角度来进行思考和评判。立体定向放疗可以使得高龄患者免受手术痛苦却能达到和手术近似或一样的治疗效果，这是值得肯定的。关于手术和放疗谁优谁劣，我们仍需要大量科学的随机实验来证实。

3 基础牢，术前严，术中精，术后勤

很多老一辈的医生可能都经历了由开腹到腔镜、两维度到三维度的转变过程，这些都需要一个比较长的适应过程。但现在，随着技术水平的不断提高，如裸眼三维度技术的出现，这些技术在很大程度上为年轻医生缩短学习曲线和简化手术提供了很大的帮助。虽然已经有了这样的条件，但是年轻医生还是应该记住一条：必须将基础打牢。

另一方面，我们强调围术期管理的概念：一个患者的手术做好了，但没能得到特别好的结果，可能是因为他不符合手术的适应证，这个手术本不应该做，但我们做了，或者术后出现并发症造成了严重的后果。手术对于外科医生来说是很重要的，但我们不能只重视手术，而不重视手术前和手术后的工作。我们应该做到：严于术前，精于术中，勤于术后。在术前，我们应该按照适应证严格选择患者；在术中，我们应该做到精准和精细；在术后，我们应该密切观察各种症状。年轻医生需要注意，一个漂亮的手术不代表就是一个成功的手术，一个成功的手术不代表就是一个能使患者生存时间延长的手术。这就需要我们医生从全面、宏观的角度进行把控。

（采访编辑：周丽桃，AME Publishing Company）

AME通讯邮箱：kysj@amegroups.com
受访专家工作邮箱：huilee@vip.sina.com
科室秘书处电话：010-85231044
科室地址及邮编：首都医科大学附属北京朝阳医院胸外科，北京市呼吸与肺循环疾病实验室，北京呼吸疾病研究所，100020

文字访谈

李德闽：

"达芬奇"助力外科，手术步入微创时代

编者按：一直以来，南京军区总院(南京大学医学院附属金陵医院)的心胸外科在患者心中口碑极佳。而随着近年来"达芬奇"机器人落户南京军区总院，科室又开展了新的、更高水准的手术和科研项目。在科室主任李德闽教授的带领下，通过心胸外科全体同仁的妙手仁心和不懈努力，南京军区总院的心胸外科在学术上攀上了一座又一座高峰，为患者减轻了痛苦，为病患家庭带来了希望。

李德闽，主任医师，教授，南京军区总医院心胸外科主任、肺癌中心副主任。现任南京军区南京总医院心胸外科主任，第二军医大学、南京大学医学院、南方医科大学教授，硕士、博士研究生导师。

在AME位于南京的办公室(位于南京军区总医院内)，我们荣幸地邀请到了南京军区总院心胸外科的掌门人李德闽教授接受采访，就"达芬奇"手术机器人在心胸外科的应用及心胸外科手术等问题展开精彩问答。

1 留学海外注重实践，回国建设一流科室

AME： 我们了解到您在2002—2003年到澳大利亚墨尔本Monash医学中心心血管外科进修冠状动脉外科，当时国内心外科处于什么水平？你在国外最大的感触是什么？

李德闽： 当时国内的心血管外科水平总体不错，但是良莠不齐，大的综合医院(如三甲医院)这类手术的开展情况还是不错的。我去到澳洲Monash医学中心，应该说那里的水平是和欧美接轨的。澳大利亚除了医学理念和模式非常好之外，最关键的是很注重培训，澳大利亚长年接受海外人员的培训，国内有不少知名的心血管外科专家都到过澳大利亚进行访问或培训，在那里接受培训除了能观摩之外还可以参加临床实践。在澳学习一年，我收获很大，回来后就可以独立开展冠状动脉外科手术了。

南京军区南京总医院是一所医教研协调发展的大型综合性医院，简称"(南京)军区总院"南京军区总医院心胸外科创建于1948年，第一任科主任为留美专家吴公良教授，他是我国第一代心胸外科的创始人之一。

AME：您的团队无论是临床还是科研都很不错，可以简单地给我们介绍一下您的科室和团队么？

李德闽：我们科室现在主要分为心血管和普胸外科两大部分，在普胸外科领域，我们临床工作的重点是肺和食管疾病，另外还有一些普通的胸部疾病、纵隔肿瘤等。普胸外科的微创手术是我们目前发展的重点。胸腔镜肺切除是肺癌的首选术式，纵隔肿瘤也以腔镜为主要术式。近年来我科的完全腔镜下食管癌根治术也得到了长足的发展，取得了良好的效果。心血管外科主要集中在心脏瓣膜、冠心病及大血管病，微创心脏瓣膜、微创冠脉外科及杂交治疗大血管疾病是心血管外科发展的重点。

2　胸科手术现状喜人，患者治疗效果良好

AME：冠状动脉搭桥术(CABG)现在已经发展得比较成熟。您觉得目前国内处于什么样的水平？还有哪些挑战？

李德闽：冠脉手术目前已经比较普及，国内大部分三甲医院基本与国际同步开展。目前我们需要思考的是如何把这项工作做得更好。冠状动脉搭桥是治疗多支血管病变的金标准，但由于介入治疗创伤小，大部分条件较好的冠心病患者都接受了冠脉介入治疗，只有血管条件较差、不适合介入的患者进行外科手术，这无疑增加了外科手术的难度和风险性。因此对心脏外科医生来说，最重要的是把握好质控和保持良好的远期疗效。乳内动脉用于前降支动脉重建远期疗效是任何治疗方法均无法替代的，因此必须将乳内动脉常规使用。对于年青的冠心病患者尽可能多地使用动脉搭桥，使这类患者能获得较好的远期通畅率和生活质量。合理使用微创理念用于冠心病外科治疗，off pump冠脉搭桥可减少体外循环对机体的影响，降低围术期风险。我们现在与心脏内科共同协作，利用复合手术室和达芬奇机器人进行冠脉杂交手术

治疗，也就是在机器人的辅助下或完全机器人的情况下进行左乳内动脉与前降支动脉的重建，内科进行前降支以外的介入治疗，发挥内、外科各自的优势，以最先进的治疗理念服务于患者，使患者减少创伤，达到最佳的治疗效果。

AME：请您介绍一下你们科室主动脉夹层的治疗情况？

李德闽：由于诊断技术及对主动脉夹层的重视，急性主动脉夹层的患者较过去增多，特别是气候变化时。现在医生对急性胸痛的患者都有常规做心电图和CT的意识，提高了急性主动脉夹层的诊断率。主动脉夹层是极为凶险的疾病，应该根据患者的情况作出合适的治疗选择。A型夹层早期易破裂，死亡率高，应积极手术治疗。目前由于A型夹层手术的麻醉及综合技术的提高，手术疗效较过去有明显的提高。我们除采用常规深低温停循环行升主动脉、主动脉弓置换，远端支架象鼻技术外，对合适的病例还采用杂交方法、不用深低温停循环进行手术，避免深低温停循环对机体的影响，减少了术后的并发症。B型夹层通常采用微创介入治疗，效果好、创伤小、恢复快。

3 "达芬奇"助力外科，手术步入微创时代

AME：我们了解到，南京军区南京总医院是国内最早引进达芬奇手术机器人的医院之一，并在2012年完成了江苏省首例手术机器人心脏手术。那么近年来机器人手术具体适用于什么适应证呢？对于手术风险的降低和效果的提高有那些改变？

李德闽：达芬奇机器人手术是当代高科技技术在临床外科使用的具体典范，也是将来微创心胸外科发展的方向之一。达芬奇机器人在心胸外科的普及和应用还需要一个过程。这里面涉及到很多问题，机器成本、治疗费用、医生培训及理念接受等。总体来说机器人在心胸外科的应用有很多先进的地方，以机械手代替人手操作而减少创伤，机器人是3D视野，与传统腔镜的二维视野有本质的区别，有良好的精准度，可以将操作者的意念直接传达给机械手。机器人可以准确地进行重建操作，这也是腔镜所不及的。目前机器人在心胸外科的应用主要包括：机器人辅助或完全机器人冠状动脉搭桥术、二尖瓣修复或置换术、房间隔缺损修补、心脏肿瘤切除等。另外，在普胸外科中主要用于胸腺肿瘤切除、肺部肿瘤切除及食管手术等。今年，科室将机器人在心胸外科的应用作为学科发展的重点项目，计划开展机器人各类手术150台次左右。机器人手术的开展，医生首先要对患者的病情进行评估，选出适合机器人手术者。机器人手术既具有微创、美观的优势，也能达到常规手术相同的治疗效果(图1)。

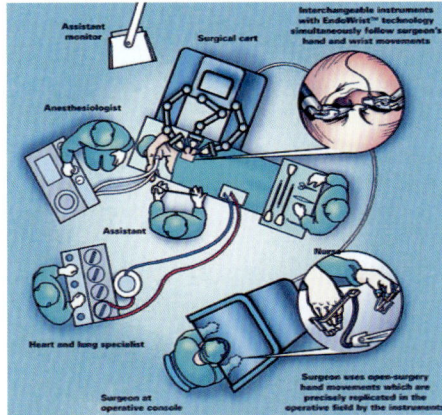

图1 达芬奇机器人辅助外科手术系统

AME：使用机器人之后医生在手术过程中的工作重心是否发生了改变？

李德闽：开展机器人心胸外科手术，医生的作用至关重要。进行机器人操作的医生必须具有丰富的常规手术经验，也就是说医生能做好常规手术才有可能会做机器人手术。机器人只是医生使用的工具，不需要医生直接在术野进行操作，而是在操控台进行操作。因此机器人手术不改变医生手术过程中的工作重心。

4 癌症治疗外科主导，术后监控地位突出

AME：作为南京总院肺癌中心副主任，你觉得外科在肺癌的综合治疗中处于什么样的一个地位？

李德闽：肺癌因病期的不同而应选择不同的治疗方法，多学科联合是目前肺癌综合治疗的主要模式。外科治疗在肺癌的治疗中具有重要的作用，对于早期肺癌来说，主要指的是Ⅱ期以内的肺癌，外科是治疗的主导。对于可切除的肿瘤(ⅢA期)来说，要多学科讨论，选择最科学的、个体化的综合治疗方案。我科对肺癌外科治疗的主要特色有：复杂肺癌的外科手术，如支气管袖状切除重建、支气管/肺动脉双袖状切除重建、隆突切除重建等；微创肺癌根治术，完全胸腔镜及机器人各式肺切除手术。我院拥有复合手术室，可在DSA定位下采用胸腔镜对肺内微小病灶精准切除。

AME：您在心胸外科术后重症监护与治疗方面具有丰富经验。我们知道，除了手术之外，其实术后的监护对于一个患者的康复和治疗也具有十分重要的意义。请问一下您在这方面的工作主要是什么？有哪些心得可以和读者朋友们分享一下？

李德闽：术后监护管理对外科治疗的效果来说非常重要，现在接受手术的患者趋向于高龄化，合并高危因素的患者比以前多，如患有糖尿病、高血压、慢性阻塞性肺疾病及合并脏器功能不全等疾病的患者比例高了。对于这类患者，除了微创手术外，术后监护管理也很重要，如围术期气道管理，液体管理，水、电解质平衡，血糖控制，抗感染、营养支持及重要脏器的支持治疗等。在理念上应将治疗及处理的节点前移，注重对病情的观察和分析，对并发症的发生要有预见性，预防措施在先，尽可能地避免和减少并发症的发生，而不是被动地等并发症发生后再来处理。总的来说，现在的外科治疗对于医生综合素质的要求越来越高了。

李德闽：
"达芬奇"助力外科，手术步入微创时代

手术视频网址：
http://kysj.amegroups.com/articles/879

（采访编辑：黎少灵，AME Publishing Company）

AME通讯邮箱：kysj@amegroups.com
受访专家工作邮箱：dr.demin@126.com
科室秘书处电话：025-80860012
科室地址及邮编：南京市中山东路305号南京总医院心胸外科，210002

杨跃：

将胸外科医生培养成医教研全方位人才

编者按：近期，"规培新规"引起热议。在AME出版社对北京大学肿瘤医院杨跃教授的采访中，杨教授就医生培养，特别是胸外科医师的培养提出了自己的看法。杨教授认为，胸外科有一定的"凶"险性，因为很多时候，患者的一呼一吸都掌握在其手中。而年轻医生需要有传帮带的实践历程，胸外科医师的培养目标应该是成为医、教、研全方位的医学家和科学家。

杨跃，主任医师、博士研究生导师，现任北京大学肿瘤医院胸外二科主任，北京大学胸外科学系副主任，兼任北京大学肿瘤医院党委副书记。

采访问题

近期，规培问题被推上了风口浪尖，能否结合您的个人经历，分享一下您对胸外科医师培养的看法？

AME Publishing Company

杨跃：
将胸外科医生培养成医教研全方位人才

视频观看链接：
http://kysj.amegroups.com/articles/4197

（采访编辑：黎少灵，AME Publishing Company）

AME通讯邮箱：kysj@amegroups.com
受访专家工作邮箱：zlyangyue@bjmu.edu.cn
科室秘书处电话：010-88121122
科室地址及邮编：北京海淀区阜成路52号北京大学肿瘤医院，100142

吴一龙:

共探基于NGS的精准医疗

编者按:2016年3月4日—5日,"第十三届中国肺癌高峰论坛"在广州召开。来自全国各地的肺癌专家和学者们齐聚一堂,围绕大会主题——"精准与规范同行:液体活检和二代测序步入临床"展开了深入探讨。会议间隙,本次会议执行主席吴一龙教授接受了AME出版社的采访,对会议亮点进行解读,并介绍了液体活检和二代测序在我国肺癌精准医疗的现状以及发展。吴教授指出,本次会议重点讨论了精准监测和临床应用差距以及精准监测结果如何抉择,希望这次会议的召开,不仅能为肺癌医学的精准医疗提供规范、达成共识,还能为肺癌的发展提供更大的发展空间。采访中,吴教授提出了对年轻医生的殷切期望,希望年轻医生可以脚踏实地。

吴一龙,教授,博士研究生导师,美国外科学院院士,广东省人民医院、广东省医学科学院副院长,广东省肺癌研究所所长,中国临床肿瘤学会(CSCO)理事长。中国胸部肿瘤协作组(C-TONG)主席、世界华人胸外科学会会长、国际肺癌研究会(IASLC)国际分期委员会委员、美国临床肿瘤协会(ASCO)国际事务部委员。

采访问题

1. "第十三届中国肺癌高峰论坛"会议的亮点是什么?
2. 液体活检和二代测序是如何推动肺癌精准医疗发展的?
3. 这次会议提出液体活检和二代测序步入临床,请问技术和市场上是否都成熟了?
4. 临床应用遇到最大的挑战是什么?
5. 肺癌高峰论坛已经走过13届,对于肺癌高峰论坛的未来您有怎样的设想和规划?
6. 请说一下您选择成为一名医生的初衷和对年轻医生的期望。

广东省人民医院创建于1946年，是广东省最大的综合性医院，是国内规模最大、综合实力最强的医院之一。心血管内科、胸外科、心脏大血管外科、临床护理专业、中医(老年医学)、肾病科、急诊医学科、重症医学科、肿瘤科、老年病科、病理科、神经内科是国家临床重点专科。

吴一龙：
共探基于NGS的精准医疗

视频观看链接：
http://kysj.amegroups.com/articles/4251

（采访编辑：黄晓曼，AME Publishing Company）

AME通讯邮箱：kysj@amegroups.com
受访专家工作邮箱：gzlrn2015@126.com
科室秘书处电话：李瑞娜，020-83827812-21187
科室地址及邮编：广东省广州市越秀区中山二路106号广东省人民医院伟伦楼，510080

吴楠：

浅谈肺癌管理的SOP

编者按：2015年12月26日，"第二届广东省医疗行业协会胸外科管理分会"在广州顺利召开。活跃在国内胸外领域的顶级专家就胸外科常见病的围术期治疗、术中术后并发症防治等进行了专题演讲。会上，来自北京大学肿瘤医院的吴楠教授接受了AME出版社的采访，分享了其在肺癌标准化、流程化管理方面的经验。

吴楠，医学博士，主任医师，教授，硕士研究生导师。北京大学肿瘤医院胸部肿瘤中心副主任。兼任中华医学会胸心血管外科学分会第八届委员会肺癌学组委员、北京医学会胸外科分会委员、北京医学会胸外科分会青委会副主委、北京医学会胸外科分会肺癌学组委员、中国医师协会外科学分会肿瘤外科医师委员会委员。

提及主题发言，吴教授表示希望通过此次演讲加深同行对肺癌标准化管理的认识。他认为手术过程本身是复杂的，仅靠医生主观的个人经验是不够的，手术结果容易参差不齐。更为标准的是，将这些流程做成表格形式或者其他容易操作的模式交给医生，在日常医疗实践中使用。这种流程式的管理能让医疗质量更加标准，可以减少人为因素造成的质量变化，最终让患者受益。

访谈中，吴教授谈到了肺癌管理的SOP。他认为术前、手术日当天、术后1~2 d这几个阶段都非常关键。术前管理的重点在于判断手术的可行性，管控过度治疗以及减少不必要的手术创伤。手术日当天则要详细核对患者的信息，在确保手术安全的基础上再考虑合适的外科治疗模式，例如微创治疗等等。术后有一系列的流程，主要目标是控制疼痛、预防感染，尽快移除引流管，预防并管控合并症。因此需要适当给予镇痛药物，保证患者在疼痛较轻、生活质量干扰较小的情况下快速康复。医生还需要对患者加以鼓励，增加患者术后恢复的信心。吴教授表示，通过这种流程式的管理，能够让医生的手术质量趋于统一，最终让临床行为标准化。这样做，一方面有利于患者的康复；另一方面可以让医生对自己的医疗数据更加明晰，分析起来更容易。

除了流程化的管理，吴教授还提倡个人数据的定期回顾分析并持续改进，他认为这是非常有意义的事情。因为患者的情况各异，如何让进入流程的患者以最小的变异度获得最好的治疗效果是外科医生需要认真考虑的事情。通过管理工具，外科医生针对某一段时间的工作进行总结与分析，确定质量管控目标和干扰因素，在下一阶段逐步改进，逐渐减少合并症发生的机率。通过这种螺旋式的上升实现个人数据的持续改进，最终帮助患者实现快速康复。

采访问题

1. 选择"肺癌的标准化，流程化管理"作为演讲题目的意义？
2. 肺癌管理的SOP包括术前、术中和术后管理，哪个阶段最为关键？
3. 术中管理提到的淋巴结清扫范围的确定与哪些因素相关？
4. 您从2013年开始作个人数据分析，最大的收获是什么？

AME Publishing Company

吴楠：
浅谈肺癌管理的SOP

视频观看链接：
http://kysj.amegroups.com/articles/4119

（采访编辑：张燕，AME Publishing Company）

AME通讯邮箱：kysj@amegroups.com
受访专家工作邮箱：nanwu@bjmu.edu.cn
科室秘书处电话：86-10-88196569
科室地址及邮编：北京海淀区阜成路52号(定慧寺)，100142

何建行：

优化腔镜技术，加速患者康复

编者按："第一届全国全腔镜气管隆突手术学术会议暨第八届肺癌微创治疗论坛"于 2015年5月16日在广州医科大学附属第一医院召开。会上，广州医科大学附属第一医院院长、胸外科主任、大会主席何建行教授接受了AME出版社的专访。在此次会议前，何教授及其团队成功完成了全球最早2例裸眼3D胸腔镜肺癌根治术，在访谈中，针对裸眼3D腔镜技术是否会取代2D腔镜、辅助3D腔镜技术，裸眼3D腔镜技术的局限，何教授也发表了自己的看法，同时，展望了胸腔镜技术未来的发展，表示希望通过进一步优化这项技术，外科医生能够发挥自己的技艺，从而加速患者的康复。

采访问题

1. 裸眼 3D 腔镜技术的优势？
2. 裸眼 3D 腔镜技术的局限？
3. 简单评价过去 20 年胸腔镜技术的发展，同时请简单预测未来的发展方向？
4. 第八届肺癌微创治疗论坛的亮点有哪些？

何建行，教授，主任医师，博士研究生导师，广州医科大学附属第一医院院长，美国外科学院委员、美国胸心外科学会常务会员、欧洲胸心外科学会委员、英国皇家外科学院委员、中央保健专家。

AME
Publishing Company

何建行：
优化腔镜技术，加速患者康复

视频观看链接：
http://kysj.amegroups.com/articles/3224

（采访编辑：王嘉慧，AME Publishing Company）

广州医科大学附属第一医院是一所集医疗、教学、科研、保健、康复、院前急救于一体的大型三级甲等医院，也是广州呼吸疾病研究所、广州骨科研究所、广州泌尿外科研究所、广州医科大学中西医结合研究所所在医院，还是国家首批13个国家临床医学研究中心之一。

AME通讯邮箱：kysj@amegroups.com

受访专家工作邮箱：drjianxing.he@gmail.com

科室秘书处电话：020-83062807

科室地址及邮编：广州市越秀区沿江路151号，510120

何建行：

大道至简，让患者恢复更快速，更简单

编者按：2015年12月7日，"首届Tubeless VATS国际学习班"在广州医科大学附属第一医院国际会议室顺利召开。会上，AME出版社的编辑专访了本次会议主席之一，广州医科大学附属第一医院胸外科何建行教授。在访谈中，何教授不仅诠释了本次会议主题"大道至简 Simple to Simplest"，即让患者恢复得更快速、更简单，让医生学习曲线更短，操作更舒适。他还介绍了微创胸腔镜胸外科手术自1994年在国内外开展以来到无管手术问世20年期间的逐步发展。此外，何教授回忆了自己当初之所以选择成为胸外科的个人经历和结合自己多年从事胸外科领域的丰富经验，和我们分享了自己是如何在这份事业中靠着自己的认真，独特处理问题的思维和敢于尝试的勇气，慢慢成为一名卓越的胸外科医生。

简介见前文。

采访问题

1. 本次Tubeless VATS国际学习班的主题是"Simple to Simplest"，请问这有什么特别的意义吗？举办本次会议的初衷和您期望达到的效果是什么？
2. 从1994年您成为国内首个使用胸腔镜手术的胸外科医生到如今Tubeless VATS手术的实现，请问期间您的团队在胸外科手术方面做过哪些尝试和贡献？
3. 作为提出Tubeless VATS概念第一人，Tubeless VATS的优势是什么？推广难点有哪些？
4. 最后，可否请您分享，一开始是因为什么原因让您选择成为胸外科医生？请介绍一下是哪些因素让您成为了一名优秀的外科医生？

（采访编辑：黄晓曼，AME Publishing Company）

AME通讯邮箱：kysj@amegroups.com

受访专家工作邮箱：drjianxing.he@gmail.com

科室秘书处电话：020-83062807

科室地址及邮编：广州市越秀区沿江路151号，510120

初向阳：

外科，能以最快的方法解除患者的痛苦

编者按： 2015年11月28日，由AME出版社主办、首都医科大学宣武医院承办的外科时间(北京站)暨《肺癌》中英文版北京发布会在北京圆满落幕，本次会议旨在进一步探讨胸腔镜技术及其在复杂手术中的应用问题。本次大会汇聚胸外科名家，除了有国内胸外科医师SCI文章发表的心得交流，国内多家优秀胸外科中心的医师代表将分享各个中心的胸腔镜经验，与由数位国内知名胸外科专家组成点评嘉宾团，畅谈他们关于胸外科的真知灼见。会后，来自中国人民解放军总医院胸外科的初向阳教授接受了AME出版社的专访，畅谈胸外科领域研究的最新进展，包括其对肺小结节治疗的思考，以及多年胸外科研究历程的心得体会。

初向阳，主任医师，教授，中国人民解放军总医院胸外科。擅长肺癌、食管癌、贲门癌和胸腺疾病的手术及胸部疑难疾病的诊断和治疗。在国内较早开展了电视胸腔镜、纵隔镜等胸部微小创伤手术。

采访问题

1. 作为点评专家，参加本次外科时间的感受如何？有没有什么建议？
2. 肺小结节的诊断越来越受到关注。能否结合会议讨论的情况，谈谈您的看法？
3. 您如何理解精准医学的概念？
4. 对肺小结节未来的治疗有何期望？对肺小结节进行早期干预有没有必要？
5. 培养优秀的年轻医生，最关键的因素是什么？
6. 结合您多年的胸外科研究历程，谈谈心得与感想。
7. 外科，什么最吸引您？

中国人民解放军总医院(301医院)创建于1953年，是集医疗、保健、教学、科研于一体的大型现代化综合性医院。医院是中央重要保健基地，承担军委、总部等多个体系单位、官兵的医疗保健和各军区、军兵种转诊、后送的疑难病诊治任务。医院同时又是解放军医学院，以研究生教育为主，是全军唯一一所医院办学单位。

初向阳：
外科，能以最快的方法解决患者的痛苦

视频观看链接：
http://kysj.amegroups.com/articles/4048

（采访编辑：钟珊珊，AME Publishing Company）

AME通讯邮箱：kysj@amegroups.com
受访专家工作邮箱：drchu301@aliyun.com
科室秘书处电话：66938012
科室地址及邮编：北京复兴路28号胸外科一病区，100853

张兰军：

精准医疗东风顺势而来

编者按：2015年5月24日，"第十届中国胸外科主任肺癌高峰论坛暨第四届中国胸外科肺癌协作组(CLCCG)高峰论坛"在广州阳光酒店举行。AME出版社邀请了大会主席张兰军教授分享中国胸外科主任肺癌高峰论坛十年的历程并深度解析本次高峰论坛的讨论热点——精准医疗。

张兰军，主任医师，教授，硕士研究生导师，中山大学肿瘤防治中心胸外科主任，国际肺癌研究协会(IASLC)会员、中国医师学会胸外科医师分会委员、中华医学会广东胸心血管外科学学会委员、中华医学会广东创伤学会委员。

1 与会专家阵容鼎盛，共探精准医疗

张兰军教授介绍，中国胸外科主任肺癌高峰论坛已经成功举办了九届，今年是承前启后的第十届。历经10年，中国胸外科主任肺癌高峰论坛主要凝聚了中国胸外科领域领头人对肺癌治疗的共识。肺癌作为中国发病率和死亡率最高的恶性肿瘤的"第一杀手"，如果各个地区单打独斗，只会像一盘散沙。鉴于各个地区领域科学文化发展得不均衡，秉承着让新理念、新知识传播得更广、贯穿得更深的使命，在中国癌症基金会和中国胸外科肺癌协作组(CLCG)的支持下，中国胸外科主任肺癌肺癌论坛应运而生。过去的九届中国胸外科主任肺癌高峰论坛，在这些组织的支持下，从第一届对胸外科手术与药物相结合治疗的讨论，到后来对肺癌靶向治疗，规范治疗和微创技术等热点问题的不断探讨，各届精彩纷呈。

今天，走到了第十届，会议就肺癌的精准诊断、精准治疗在肺癌临床诊疗领域展望等热点问题进行交流探讨。精准医疗是今年医学界的热点词。今年3月，奥巴马提出了"precision medicine"。张教授提到"肺癌从早期的规范化治疗发展到当今的个体化治疗。个体化治疗该如何实行？究竟是术式的个体化，诊断的个体化，还

中山大学肿瘤防治中心由中山大学附属肿瘤医院和中山大学肿瘤研究所两部分组成。经过近50年的不懈建设，肿瘤防治中心现已经发展成为全国医疗规模最大、学术力量最雄厚的集医疗、教学、科研、预防于一体的肿瘤学医、教、研基地之一，学科地位、综合实力已居全国领先水平，在全国尤其是广东省的肿瘤防治工作中发挥着举足轻重的作用。中山大学肿瘤防治中心胸外科，是我国最早建立的胸部肿瘤外科之一，是肿瘤学国家重点学科和国家重点实验室的重要组成部分，经过多年发展，已经成为华南地区综合实力最为雄厚的胸部肿瘤外科中心，在全国具有重要影响力。

是治疗模式的个体化，还是为不同患者的一个量身定做？我们设置了3个讨论环节，包含精准诊断、精准治疗和精准医疗的展望"。会议邀请CLCG组织委员出席，希望通过构建全新的肺癌研究组织联盟，让中国各大中心能凝聚在一起，做出更大更多有价值的研究。同时，会议也邀请了从事高科技研究的深圳华大基因董事长汪建教授、上海立迪生物技术有限公司CEO闻丹忆等人。他们是立足肺癌治疗和预后预测的领先人物，希望通过他们的分享，拓宽胸外科医生的视野，进一步理解精准医疗。

　　本次会议还希望建立胸科的大数据库，以便为中国的肺癌研究打造高规格的平台，向世界发出更好的中国好声音。

2　精准医疗的现状与未来

　　精准医疗于2015年3月在美国的医疗改革中推行，其包括了原来的个体化治疗和靶向治疗。靶向治疗作为精准医疗的一部分，实际上是指通过目前新的分子生物学技术，包括基因组学技术、蛋白组学技术、诊断试剂等技术，对现有疾病作出更加科学的诊断，然后通过医生更加准确的用药，从而更加准确地治疗，使患者更大地获益。这个改革在奥巴马的医疗改革中占有重要的地位。

目前美国经济不是很好，医疗费用持续增高，奥巴马则希望通过医疗改革，使那些因没有实施精准医疗而浪费的医疗资源应用到更为精准的治疗上，让有限的资金更加充分地发挥作用。于是习近平主席也相应提出了中国特色的精准医疗，这就是它的意义所在。

关于胸外科精准医疗的体现，张教授总结如下。"正如在本次会议上提到的那样，需要从不同层次来理解精准医疗。比如说，胸外科对肺部结节精准的病理学的诊断，这就是精准医学的一个方面。"2015年4月9日，中山肿瘤医院引进了电磁导航支气管检测技术。胸外科医生在使用之前的一些技术对肺部病变患者进行诊断时，肺部周边的结节、早期肿瘤等病灶因位置边缘、病灶微小，往往成为诊断的"盲区"，只能判断肺部结节有可能是良性的。使用这个电磁导航支气管检测技术则可以瞄准肺部周边的微小病灶进行更精确的病理学诊断，实现肺内病灶"无死角"微创诊断。第二，广州医科大学附属第一医院何建行院长推出的"让医生操作更易，让患者恢复更易"的理念，让胸外科手术历史性地成为"日间手术"。用最先进的技术对最困难的疾病进行诊疗，让医者对病情的诊治更加精准，筛选更加准确，患者恢复得更加舒适，这也是精准医疗的一个方面。另外，张教授还认为，大家耳熟能详的靶向药物EGFR TKI等也是一种基于基因药物的精准治疗。除此之外，还有对个体化治疗的预后，哪些患者能恢复得更好，哪些患者容易复发。这可能和患者的免疫能力和病灶差异相关，如果能用技术检测出这些差异，也是精准医疗的一种应用。

张教授提到，"精准诊治的实施将会使医生和患者均能获益，但是其推广需要我们从医生、患者、政府三个层面不断努力。由于各区域医院发展的不平衡，医生的认知发展水平存在差异。我们要不断加深和加强全国医生对精准治疗、精准诊疗、精准手术的认识和学习，才能渐渐为患者服务，让精准医疗得到不断应用。对于患者人群，关于精准医疗要不断教育普及。我们要让患者相信有一种更加先进的技术和手段可以对其病情进行确认。让患者接受需要一个过程，比较费时，这就取决于对患者的教育程度。最后，医院管理者、政府需要给医院引进和装备先进的仪器、设备。同时，如果医保能覆盖高价的先进技术医疗检查，这不仅可以减轻患者负担，还利于先进技术的推行。医生、患者、政府不同层面的共同努力，才能跟上国际的发展。"

另外，多临床中心的协作更利于精准诊治的发展。多学科协作在国外领先医院做得很到位，中国医生亦可学习借鉴。各领域医生集中到一起对病情进行分析，可以使病情的诊治更加精准。张教授在采访的最后，展望了我国精准医疗的发展前景，"相信随着经济地位的发展，医疗产业、医疗医药公司与临床的结合，我国的精准诊治尤其是胸外科的精准诊治医疗水平是完全可以跟上国际先进水平的"。

（采访编辑：黄晓曼，AME Publishing Company）

AME通讯邮箱：kysj@amegroups.com
受访专家工作邮箱：zhanglj@sysucc.org.cn
科室秘书处电话：87343258
科室地址及邮编：广州市东风东路651号，510060

文字访谈

张兰军：

电磁导航(ENB)成就精准外科

编者按：2015年4月，中山大学肿瘤防治中心率先引进SuperD电磁导航系统，成为中国华南地区第一家正式开展电磁导航支气管(ENB)技术的医院。在SuperD电磁导航系统的支持下，中山大学肿瘤防治中心胸科在我国首次开展"ENB定位下胸腔镜辅助肺结节切除术"(ENB-VATS Lobectomy)，为"精准外科治疗"提供了新的发展方向。2015年10月19日，"中山大学肿瘤防治中心—美敦力电磁导航支气管镜大中华区临床应用培训中心"正式成立，旨在为电磁导航支气管镜这项革命性技术在国内的推广和研究树立标杆，让更多的医生熟练掌握这项技术，造福更多的肺癌患者。AME出版社的编辑在成立仪式上采访了培训中心主要负责人张兰军教授。

简介见前文。

据张兰军教授介绍，目前我国约有7个中心已经或即将引进电磁导航支气管镜(ENB)，其中上海肺科医院、中山大学肿瘤防治中心和辽宁省肿瘤医院3个中心已经顺利引入ENB系统并应用于临床。就开展情况而言，由于费用问题(现阶段ENB治疗都是免费提供的)，ENB还没有得到大力开展，以上海肺科医院和中大肿瘤防治中心开展的例数最多。其他4家中心分别来自浙江、西安、成都和河南，目前已经签订引进ENB的合约，相信很快会有新进展。此外，自中山大学肿瘤防治中心于2015年4月9日开展ENB技术以来，不少中心提出了想要到中山大学肿瘤防治中心来学习的想法，张教授顺势提出成立一个培训中心，将ENB技术培训作为一个规范化的教程开展，比如一年固定地开展几期培训班。中山大学肿瘤防治中心全面完善的科研平台以及胸科丰富的胸部肿瘤诊疗经验得到了全球第一大医疗器械公司美敦力医疗的支持，因此也促成了双方签订了针对未来的战略性合作协议。

"作为一项新技术的先行者，我们也很乐意最大限度地跟大家分享这项技术开展的经验。借助培训的平台，把这项技术分享给大家，让其在更多的单位得以开展，而已经开展该技术的单位也得以相互交流，促进技术的应用和发展更上一层楼。所以，培训中心的建立主要有两个初衷：(1)培养对ENB感兴趣的年轻医生，让他们更好地掌握和应用ENB技术；(2)促进已经开展这项技术的专家相互交流。当然院方对该合作也非常支持，希望我们在肺癌的早诊早治平台上能够贡献更多力量。"张教授谈到。

1　ENB技术：陌生又熟悉？

ENB技术的早期应用可以追溯到10年前，美国Medstar Franklin Square Hospital Center的WilliamKrimsky教授是该技术的开拓者。至今Krimsky教授已经完成2 000多例ENB。经过了十多年的发展，ENB技术相对成熟，只不过在原有的支气管镜检查基础上加上电磁导航，这样一来，检查范围就从原来局限在段支气管以上的中央区域扩展到了全肺，可以说是在肺内360°无死角。在之前，肺尖部和膈上这两个部位因为角度很大，所以很难触及到，而利用磁导航可以伸入到这些地方，原则上都可以进行区域活检。这个进入的过程要借助于人体先天性存在的支气管网。但有些部位并不通畅，那就要在这些地方找一条路，以达到靶点。尤其是特别周边和"刁钻"的部位，在没有支气管、细支气管、段支气管或亚段支气管能到达的情况下，需要找出一条路，以达到靶点。这是一个挑战。

其次，到达靶点后，怎么运用各种活检方法准确取到局部组织，这就需要病理科和麻醉科的协助。病理医生把取到的细胞血以及组织血在冰冻下或细胞血液基的情况下进行检测，及时给出诊断(良性还是恶性)。这其实是对医院整体水平一个考验。如果取到样本，病理科说没办法看，那就麻烦了，因为那样相当于在最后关头放弃了病理学的判定，外科医生也就没辙了。

"所以，ENB技术的应用和推广，需要麻醉科、病理科还有外科医生等共同的协助，这也是我们为什么要在胸外科开展这项技术的原因。如果其他办法都行不通，可以在定位条件下，采用微创技术把结节切除。在胸外科推广ENB技术可以有效地建立'一站式'服务的惠民流程：根据ENB技术明确的病理诊断或定位信息，直接拟定手术方案；患者无需为协调病理以及外科医生而苦恼。现在接受ENB的患者都是按照手术患者去准备的，即先做检查，然后再做手术。我希望把这样一个诊断和治疗流程规范化，这也是我建立培训中心的目的，希望大家能更好地使用这项技术，而不仅仅只用在诊断上。"张教授总结说。

2 ENB *vs.* EBUS：实时导航，优势突显

目前，EBUS-GS引导肺结节活检术(EBUS-TBLB)比较常见，而ENB引导肺结节活检术(ENB-TBLB)与之相比有以下优势：预设导航路径、实时定位以及突破常规气管镜头端部过大无法深入末端支气管的瓶颈。

EBUS通过超声支气管镜对纵隔的淋巴结肿大甚至于近纵隔的一些病灶进行穿刺，其实相当于支气管镜的头上戴了一个超声探头。这个超声探头可以通过支气管壁来探测支气管周边肿大的淋巴结，比如第7组隆突下的淋巴结，和右侧的第2组、第4组淋巴结。探测到肿大的淋巴结以后，经支气管镜淋巴结活检(TBNA)，通过细针对于肿大淋巴结反复针吸、检查，然后明确淋巴结的良恶性和是否有转移。EBUS优于PET-CT，因为它可以看到病理结果。

而ENB更胜一筹，EBUS对病灶所做的，ENB完全可以胜任，还可以延伸至周边和远处，而这些地方是EBUS因为镜子比较粗不能到达的。ENB的引导鞘管内径只有2 mm。通过HRCT把患者全肺扫描一遍，个体化地制定一份支气管树地图，输入到ENB的计划系统，从中制定一套导航活检的路径，把引导鞘管置入肺内目标病灶处。一旦偏离路径，系统会提示操作回归到设定的路径。这个设置好的、实时显示的路径是EBUS所不能及的。ENB甚至可以替代 EBUS-TBNA 技术，它的腔道只有2 mm，中间是1.8 mm的探头，通过2 mm的腔道可以进入各种各样穿刺器械，比如穿刺的针、毛刷、细针的抽吸和勾针等。

3 ENB启发下的临床协作：何去何从？

张教授对于未来ENB技术的临床协作已经有了初步的想法。首先，培训中心是一个平台，可以凝聚美国、欧洲和国内已经开展和正在开展此项技术的中心的优秀专家就肺部小结节的治疗开展多中心的临床研究和合作，探索ENB新的使用方法。其次，器械公司和医院平台结合，研发新的器械，比如特别纤细的ENB结合射频消融的技术，这样在诊断出肿瘤的同时，也可以把射频消融的探头直接送达病灶进行消融和杀伤。对于不能耐受手术的患者，如年纪很大或有严重心脏疾病的患者，这样的治疗可以与SBRT相媲美。毕竟，SBRT是外照射，需要一定的时间，而ENB与射频消融结合一次性把肿瘤消除，相当于一个精确的治疗。"这种新设备的研发过程需要已经开展这些技术中心的专家进行反馈、临床试验、技术的完善、指南的书写。我们会跟Krimsky和汪浩教授等专家，一起做更多有兴趣的事情。"张教授微笑着说道。

4 ENB技术应用规范：势在必行

随着ENB技术的逐步使用以及推广，不得不提到一个问题：ENB的应用

应该遵循什么样的规范？张教授认为，ENB的应用规范应基于专家共识，具体体现在：(1)操作流程的规范化。从患者的选择、准备、操作规范到术中穿刺要注意的地方或取样活检过程中可以避免的一些副损伤等，都要根据专家们的经验书写下来，让其他医生一目了然。(2)充分发挥多学科的团队优势。张教授以他们科室喉罩麻醉的经验为例，提到体位怎么配合，什么样的病理科医生做什么的病理活检，如何取得组织血，怎么做冰冻，都要有一定的规范。明确诊断之后，治疗也要规范起来。总的来说，就是尽可能地根据目前经验，确定ENB的适用患者人群，避免技术的滥用，以免增加患者不必要的经济负担。ENB的拓展技术如术中定位和术中治疗，都要作一个选择。希望通过外科医生或者磁导航医生的专家共识规范技术的应用，让患者通过最优化的流程得到更好的治疗。

关于ENB适用患者人群，张教授以其在中山大学肿瘤防治中心胸外科的经验，作了进一步的阐释。目前中山大学肿瘤防治中心已经做了10例ENB(成功率为100%)，都是"一站式"，即从患者的筛选开始(比如通过支气管镜、EBUS或纵隔镜就可以明确诊断的，没有必要做ENB)，标准是：能够用现有技术就可以明确病理的，尽量不要动用ENB，可以耐受CT引导下穿刺的，也不需要用ENB。如果是年纪比较大的患者，穿刺以后容易造成气胸或血胸，甚至有些肿瘤贴近纵隔，不敢做介入的，方可考虑ENB。因为它从内部行走，对心血管保护很好，而且内部穿刺不容易出现气胸，这对于老年性肺功能不好的患者来说是可以采用的。此外，病灶在周边的特别是病灶靠近肺尖、肺底和外周的患者，也适合用ENB。总的原则是从简单到复杂，从花费较少到花费较高，毕竟ENB的费用高达几万元(虽然目前没有收费)。

5　ENB前景：成就精准外科

谈及ENB的前景，张教授表示非常看好。"除了对小结节的诊断，它提供了新的治疗途径。对于那些不能手术的结节，通过ENB达到治疗(射频消融、冷冻探头等)，良性疾病如肺结核可以做局部药物灌注，减少全身用药，减少药物的不良反应。随着微创技术的普及，从过去的四孔、三孔、两孔到现在单孔，手术伤口越来越小，留给手术器械放置的空间也越来越有限。对于不可触摸的肺结节治疗，要求做到精确，而不是动辄解剖性的段切除或肺叶切除。这就需要借助ENB对这些小结节进行精确定位，通过微创技术切除结节。所以从外科角度来说，ENB的前景是它的拓展技术。外科医生都希望明确诊断之后，能够进行治疗。很多SBRT的患者，即使是在 MD Anderson Cancer Center，依然有20%的患者没有明确病理，这就很容易导致过度治疗。通过应用ENB，可以使外科手术更加精准。

末了，张教授感慨地说道，外科的治疗地位之所以受到挑战，主要是因为手术创伤大和恢复时间较长，而SBRT只需照射。现在有了 ENB，外科手术得以实现精准化，比如3 cm创口的单孔手术，患者恢复只需要1~2 d。这样一来，微创与SBRT(潜在的损伤如放射性肺炎)相比就有很大优势了。

(采访编辑：黎少灵，AME Publishing Company)

AME通讯邮箱：kysj@amegroups.com
受访专家工作邮箱：zhanglj@sysucc.org.cn
科室秘书处电话：87343258
科室地址及邮编：广州市东风东路651号，510060

张兰军：

新技术、新媒体助推医疗发展

编者按： "第四届国际胸部肿瘤西子论坛（国家级继续教育项目）暨胸部微创新技术、快速康复——气道管理学习班"于2015年11月11日—15日在杭州世外桃源皇冠假日酒店举办。十一月份正值国际肺癌关注月，众多国际、国内知名胸部外科专家到场参与以微创技术为主体，结合气道管理和快速康复新理念的学术研讨。张教授在此次大会中作了题为"2015 WCLC靶向治疗新进展"的演讲，为与会者展示了不同EGFR类型的疗效分析，并在采访中为我们解析了靶向治疗和精准医疗的异同与发展前景，给广大青年胸外科医生提出了宝贵的建议。

简介见前文。

采访问题

1. 张教授，这次会议的主题靶向治疗与上一次我们采访中讲到的精准医疗有什么关联呢？您是如何看待肺部靶向治疗的发展前景的？

2. 请问您如何看待中国医疗现状下，医患关系紧张的氛围中，临床个体化治疗或是靶向治疗的可行性和有效性？

3. 您觉得这次的胸部肿瘤西子论坛与中国胸外科主任肺癌高峰论坛相比，有哪些异同，这次会议有哪些亮点和特点？

4. 张教授，您可以给我们介绍一下如何才能在医学科研中脱颖而出吗？也给这些年轻的胸外科医生提一点建议。

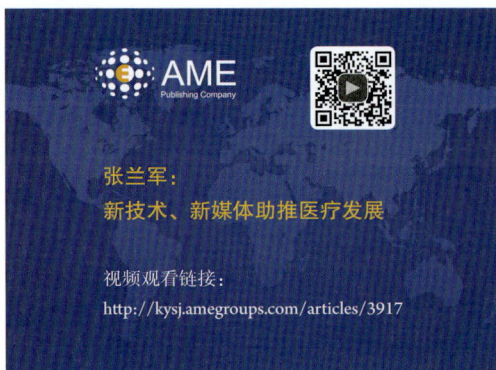

张兰军：
新技术、新媒体助推医疗发展

视频观看链接：
http://kysj.amegroups.com/articles/3917

（采访编辑：何莎，AME Publishing Company）

AME通讯邮箱：kysj@amegroups.com
受访专家工作邮箱：zhanglj@sysucc.org.cn
科室秘书处电话：87343258
科室地址及邮编：广州市东风东路651号，510060

张逊：

医生要终身学习，付出会有收获

编者按：中国医师协会胸外科医师分会会长张逊接受了AME出版社的专访，畅谈中国临床医学人才培养制度的历史、转折点、改革和展望。

张逊，教授，主任医师，博士研究生导师，天津市胸外科医院胸外科主任、中华医学会胸心血管外科学分会副主任委员、中国医师协会胸外科医师分会会长。

1　不轮科或致医生知识面狭窄

AME：您在首届东南胸外科论坛上作了题为《我国临床医学人才培养制度的改革和展望》的精彩演讲，能否请您给我们简单介绍一下中国临床医学人才培养的变迁史？

张逊：过去没有住院医师培训，医学生分配到哪个科室，便在哪个科室工作，没有经过科室轮转，这可能会导致其知识面比较狭窄，从而使专科医院、科室之间频繁会诊。

举例来说，血糖、血压、心率一些小问题，胸外医生应该具有处理的能力，但临床上要求助于代谢内分泌科、心内科的情况屡见不鲜。临床工作者应该要求自己内外科知识都掌握，毕竟人是一个整体，可能同时罹患几种疾病。

2　临床型科研型就业方向应不同

AME：读了研究生后会不会好一点？

张逊：过去主要有两种医学研究生的培养模式，一种是临床型、一种是科研型。但其实真正培养起来，只有一种模式，那就是毕业时做科研、发表论文、参加论文答辩。这导致很多学生除了基础学科，其余时间都投入到科研之中了，于是就缺乏时间去进行专业的临床技能训

天津市胸科医院胸外科始建于1951年，是国内最早开展胸外科手术的少数几家医院之一。我国开展第1例全肺切除术治疗肺癌的张纪正主任是该院胸外科的创始人。2011年胸外科被卫生部评为国家临床重点专科。2012年在复旦大学医院管理研究所主办的全国最佳专科评选中位列第九位。

练，即便拿到了硕士、博士学位，在进入科室后还是得从头学起，比起同龄更早进入科室的本科医学生，诊治能力可能还会差上一截。

现在国家的改革方向是"5+3"，即使硕士研究，也要接受住院医师规范化培训，毕业时三证合一，即学位证、学历证和住院医师规范化培训毕业书。这样一来，可以大幅度提升医学生的实践水平，其进入工作岗位后对科室的贡献也会更大，既符合医生利益，也符合科室利益。

学术有专攻。以后，学术型、临床型研究生的就业方向应该会有所不同，学术型研究生可以当讲师、做科研，但不进入临床，不建议做临床医生。从天津医科大学的经验来讲，读研前两年没拿到医师执照的，学校会劝其改为学术型。

3 专科医师培训将成为重要学习环节

AME：住院医师规范化培训之后还有专科医师培训？

张逊：医生需要终身学习。我国专科医师培训目前还未全面展开，目前仅是试点。根据国家卫计委的要求，今后，专科医师都要经过专科医师培训，并且要与住院医师规范化培训衔接，在完成住院医师规范化培训后，要成为专科医生必须经过专科医师培训，拿到专科医师证书。不再像过去，分配到哪个科室，就是哪个科的专科医师。

AME：但是现在国家还没明确全面推广专科医师培训的时间。

张逊：我国将从2016开始进行专科医师规范化培训的试点工作。什么时候会全面推广要由国家相关部门决定。未来临床医师的专业学习，将由院校教学、住院医师规范化培训、专科医师培训和终生学习四个部分组成。当然，如果不想成为专科医生，还可以选择参加相应培训成为全科医生。

AME： 怎样去考核验收培训成果？

张逊： 根据目前国家的安排，考题由中国医师协会各专业分会负责，具体考试由各地行政主管部门组织开展，以理论考试为主。

4　加强考核评估实现"质变"

AME： 改革过程中，我们好像有在参考欧美临床医学人才培养制度，您觉得哪些是值得学习？

张逊： 目前我们在学习西方发达国家的临床医学人才培养制度，和我们相比，他们多了一个住院医师规范化培训的过程，培养出来的医生知识面相对较广。此外，在欧美的临床医学人才培训过程中，导师发挥了很大的作用，对于培训的医师会有系统的培训计划并严格执行。导师会对每个培训的医师给出中肯的评语。相较之下，国内一些科室对学生的培训往往缺乏规划和监管，没有达到预期的效果。所以说，虽然国内外培训形式相似，但我们缺乏一个"质变"的学习效果。现阶段要做的，是让所有带教科室高度重视培训，并且要加强考核，让年轻医师经过规范化培训，明显提高他们的临床技能。

5　呼吁提高医生待遇

AME： 很多医学生觉得做医生太苦了，学习周期长、学费贵、工资却没相应地增长，不少人羡慕西方发达国家医生的高薪。

张逊： 医学与其他专业不同，需要付出更多的时间和经历从事理论学习和临床实践。医生是一个需要终生学习的职业。在西方国家，学习时间长，但是一旦获得行医执照，工资丰厚。但是，我们国家医生的培训时间也长，但工资却相对低，经济收入和前期投入不成比例。因此，在此呼吁提高医生的工资待遇。另外，应该给进行规范化培训的青年医师一定的经济支持，使他们能够安心完成培训任务。

AME： 您是一位非常优秀的胸外科医生，和这些"心里很苦"的学子分享一下过来人的经验，对他们说几句鼓励的话吧。

张逊： 过去有句话叫"学海无涯苦作舟"，对于医生更是如此，医学是个终生学习的职业。我们国家将要制定系统的人才培养规划。要真正成为一名合格的专科医生，必须经过漫长的过程，很苦，经济报酬也相对有限，如果只想到经济利益，可能很难坚持。但医生是一个崇高的职业，许多优秀的医生都有高尚的情操，愿意为这个理想奋斗，相信付出一定会有回报。

（采访编辑：李媚，AME Publishing Company）

AME通讯邮箱：kysj@amegroups.com
受访专家工作邮箱：zhangxun69@163.com
科室秘书处电话：13602036596
科室地址及邮编：天津市津南区台儿庄南路261号天津市胸科医院胸外科，300222

陈龙奇：

语言或有碍，内容始为重

编者按：2015年11月28日—29日，"首届东南胸外科论坛暨第一届福建协和食管癌肺癌微创手术新进展学习班"在美丽的福州成功举办。此次会议聚集国内胸外科专家，共同分享探讨胸外科领域各个热点话题。会议的一大亮点则在于首日的热点对话环节，围绕肺癌与食管癌方面的热点争议，专家们唇枪舌战，会议现场火花四射，让在场观众获益匪浅。在"食管癌淋巴结清扫选择"这一环节中，作为主张二野淋巴结清扫的红方，来自四川大学华西医院的陈龙奇教授基于自身经验进行了精彩的论述。会后，AME出版社有幸邀请到陈教授与我们分享其在食管癌治疗方面的经验。

陈龙奇，四川大学华西医院胸外科副主任，教授，博士研究生导师。1984年毕业于河北医科大学医学系，从事胸外科工作。国际食管疾病学会中国分会主席，2003年获加拿大蒙特利尔大学胸外科博士学位。

采访中，陈教授与我们分享了二野淋巴结清扫与三野淋巴结清扫的各自适用情况，同时也表达了对于选择性三野淋巴结清扫的前景希望。谈及从医生涯中的趣事或是印象深刻之事时，陈教授以其经历为例道出了医生虽有治愈患者后的快乐，但同时也有感到无力的时候，例如在实现患者的术后存活后，仍有许多其他问题(如患者今后的社会生活等)，还是让医生感到无能为力。面对这些无力感，陈教授则是乐观地看待，期盼今后从更深层次出发解决问题，更多地造福病患。

而作为国际食管疾病学会中国分会主席及其官方杂志副主编，陈教授也给予了年轻中国医生在SCI论文写作方面的建议——虽然语言障碍会存在，但是论文更为重要的是内容。年轻医生应重视中国食管癌方面的经验，把精力更多地放在前瞻性研究上。

四川大学华西医院(West China Hospital, Sichuan University)是中国西部疑难危急重症诊疗的国家级中心，也是世界规模第一的综合性单点医院，拥有中国规模最大、最早整体通过美国病理家学会(CAP)检查认可的医学检验中心。华西医院胸外科创立于1954年，由我国胸外科学奠基人之一、著名的胸外科专家杨振华教授担任主任，是国内最早建立的胸心血管外科专业之一，是教育部"国家重点学科"和卫计委"全国临床重点专科"。

采访问题

1. 在今天的热点对话环节中，您参与到了关于食管癌淋巴结清扫范围选择的话题中，您能首先与我们分享一下淋巴结清扫与食管癌治愈有什么联系吗？淋巴结清扫对于食管癌的治疗有什么价值？

2. 作为主张二野淋巴结清扫的红方，您能与我们分享一下较之于三野淋巴结清扫，您选择二野淋巴结清扫的依据是什么？

3. 国内外对于"选择性三野清扫"也有一些研究，那么这个"选择性三野清扫"与一般三野清扫有什么不一样？您觉得选择性三野清扫今后会不会成为主要的清扫方式？

4. 我们知道您是国际食管疾病学会(ISDE)会员，同时也是ISDE官方杂志(Diseases of the Esophagus)的副主编，也发表过许多SCI论文，那么根据您的经验，能否请您在SCI论文写作与投稿方面给年轻医生们一些建议？

5. 您在食管癌治疗方面经验非常丰富，在您多年的从医经验里，有没有一些有趣或是印象深刻的经历，让您觉得当医生是一件有趣或是有意义的事？

陈龙奇：
语言或有碍，内容始为重

视频观看链接：
http://kysj.amegroups.com/articles/3976

（采访编辑：高凤平，AME Publishing Company）

AME通讯邮箱：kysj@amegroups.com
受访专家工作邮箱：drchenlq@scu.edu.cn
科室秘书处电话：刘柏林，028-85422494
科室地址及邮编：四川省成都市国学巷37号四川大学华西医院第一住院大楼13楼，610041

文字访谈

陈克能：

MDT in thoracic oncology, we are on the way

编者按：目前，我国肺癌发病率在男性人群中位居第一位，女性中位居第二位，死亡率在男性和女性中都是第一位。在发达国家如美国，随着控烟力度的加强，肺癌发病率呈缓慢下降或者是稳定的趋势，但在我国则持续上升，预计在未来也会继续上升。相比之下，我国食管癌的发病率有所下降，但发病率仍然是排在前面的恶性肿瘤。在肺癌和食管癌的治疗中，多学科治疗的地位日益突出。在中国医师协会胸外科医师分会2015年会上，大会秘书长、北京大学肿瘤医院的陈克能教授接受了AME出版社的采访，就肺癌和食管癌多学科治疗等问题进行了经验分享。

陈克能，教授，主任医师，博士研究生导师，北京大学肿瘤医院胸外一科主任，中国医师协会胸外科医师分会副会长兼总干事。兼任中国抗癌协会食管癌专业委员会副主任委员、中国抗癌学会食管癌专业委员会副主任委员兼青年委员会主任委员、美国胸外科医师协会（AATS）执行委员、英国皇家外科学院委员（RCSF）等。

1 肺癌多学科诊治

2003年，北京大学肿瘤医院胸部肿瘤内科的王洁主任、放疗科的朱广迎主任和胸外科的陈克能主任受医院委派，前往美国MD Anderson肿瘤中心进行为期2年的肺癌多学科治疗的学习。2005年回国后，他们就组建了肺癌多学科团队，每周二下午4点以讨论病例的形式开展多学科诊治，由不同专业的医生分享自己的病例并讨论，目前已历经风雨十载。

谈到肺癌多学科团队的建设，陈教授介绍说，多学科团队由诊断和治疗两大团队组成。诊断团队包括影像学的CT、MRI、PET-CT专家，内镜和病理科专家。治疗团队包括肿瘤学专家、内科专家、放疗专家以及外科专家。肺癌患者的个体化治疗是我们一直在探索的问题。早期肺癌主要采取以外科手术为代表的局部治疗，而晚期肺癌则以内科治疗为基础的多学科治疗为主。在这中间，约有25%的患者处于局部进展期，这部分患者的诊疗决策需要诊断科室以及每一个治疗科室的参与，共同诊断、共同治疗，让患者的利益最大化，以获得最长的远期生存及最好的生活质量。肺癌多学科团队的功能，

北京大学肿瘤医院(北京肿瘤医院、北京大学临床肿瘤学院、北京市肿瘤防治研究所)始建于1976年，是集医、教、研于一体，预防、治疗、康复相结合的肿瘤防治研究中心。胸外科副主任张力建教授是中国医师协会胸外科分会常委，北京市胸外科专业委员会副主任委员。胸一科主任陈克能主任医师为中国抗癌学会食管癌专业委员会副主任委员兼青年委员会主任委员。胸二科主任杨跃主任医师为中华医学会胸心血管外科学分会专业学组委员，北京医师协会外科专科医师分会理事，中国医师协会循证医学专业委员会营养学组副组长。

第一是医疗：单一专业的医生难免受知识更新的局限，而多学科协作能够避免患者因某个医生知识面的局限而遭受诊断过度、治疗过度或是诊断不足、治疗不足等多种不利情况。北京大学肿瘤医院每周二进行的肺癌多学科会议中讨论的病例有时多达10例以上。此外，多学科团队根据临床需要还不定期召开多学科特需门诊，为有需求的患者提供高质量的多学科会诊。第二是教学：青年医生可以接受不同专业的肺癌诊疗知识，拥有规范化的多学科综合诊疗的思维，从而避免了传统单一学科培训的局限性。周三是多学科联合门诊，包括放疗科的朱广迎教授，胸部肿瘤内科的王洁教授，以及胸外科的陈克能教授，大家在同一天出诊。初诊患者在任意一位专家处都能得到统一的、规范的分期检查，定性、定量诊断。之后再经过多学科讨论转诊到相对应的学科进行治疗。这样的话，患者挂一个号就解决了多个学科的问题，这就是陈教授他们医院多学科肺癌治疗的模式。每个星期联合门诊的患者为20~30位。

随着近10年的联合治疗工作实践，不同的学科已经相互融合，外科医生常常需要内科医生的帮助进行围术期治疗，内科医生也经常转诊并"催促"外科医生为较早期患者实施手术。当然学科之间也有争论，在争论过程中让患者的诊断得到进一步确认，进而选择合适的治疗。这是多学科治疗、精准治疗、个体化治疗的灵魂。经过10年的实践以后，各个科室逐渐"我中有你，你中有我"，外科变得不那么太"外科"，内科变得不那么太"内科"，这是肺癌治疗的重大进步。

另一方面，自2012年一篇关于"美国6万人低剂量螺旋CT普查可降低20%肺癌死亡率"的文章在《新英格兰医学杂志》上发表以后，大家对健康体检的意识大大提高，对肺部小结节十分警惕，尤其是对早期肺癌的关注越来越多，这是好事。但随着对肺部小结节问题的探究，慢慢地也出现了许多问题：第一是过度治疗，比如过多的良性结节患者也接受了不必要的手术，甚至遭受手术带来的并发症等问题。第二是治疗不足，本来应该有治愈可能的患者被诊断为"转移癌"，没有积极治疗。现在表现出来的诊疗过度多于诊疗不足主要有几个方面的原因：其一，对低剂量螺旋CT及肺小结节的认识，不是每一个外科、内科、放疗科医生都清楚低剂量螺旋CT的诊断标准，即便是美国6万人的普查，发现的小结节中有90%以上是良性结节。这就提示我们，在这些小结节里有许多良性病变存在。其二，临床医生一定要知道我们指的是薄层CT扫描(层厚2 mm以下)。在亚洲人群中，肺部小结节中有一类叫GGO或GGN的病变，在病理学表现为顺着肺泡上皮原位生长、不带有浸润的癌症，以前叫肺泡细胞癌(BAC)，现在叫原位癌。如何诊断原位癌，实际上不能仅靠病理科医生。当然，首先病理科医生要在镜下看到病灶是原位生长的。

然而，对一个3 cm大小的病变做连续的病理切片是一件不可能的事情。所以原位癌或微小浸润癌一定是结合病理科医生看到的原位生长和放射科医生的薄层CT表现为纯GGO才能最终得以诊断。很多时候，大家只是关注放射科医生的诊断报告，而忽略了报告所依据的CT层厚，那就有可能把一个实体瘤误判为GGO，同时把一些小病变漏掉。如果CT窗宽技术掌握不好，也有可能把一个实体瘤照成GGO，把GGO照成实体瘤。所以，一定是诊断医生，包括影像诊断医生、病理诊断医生和临床医生坐到一起共同为每一位患者提出诊断和治疗，才能避免诊疗过度以及诊疗不足。2011年IASLC-ATS-ERS肺腺癌国际多学科分类诊断标准的灵魂就是多学科，这一标准的制定第一次包括了外科、呼吸科、肿瘤科、分子生物学、影像学、病理学等专业的专家，第一次在肺癌诊断上以病理科为主导，所有学科专家坐到一起诊断肺癌。正是这样的多学科诊疗才可以给出原位癌、微浸润癌或浸润癌等确切的诊断。因为每一种肿瘤的生长方式、预后、治疗方式是完全不一样的，所以肺癌多学科团队的建立对肺癌患者来说是巨大的进步。

2 外科在肺癌肺转移治疗中的地位

现在，我们也发现多发性的肺结节越来越多。以前，双侧多发性结节很容易被诊断为Ⅳ期肺癌，表现为肺内有一个主病灶，其他小结节不除外转移，这是一种可能。还有一种可能是多原发肺癌，多原发肺癌按时间顺序可分为两种，一种是同时性的，一种是异时性的。如果是同时性的多原发肺癌，其实指的是早期癌，如果有肺门或纵隔淋巴结转移，就不能称其为多原发肺癌，因为不能排除同侧的纵隔淋巴结转移是由对侧病变引起。如果是对侧病变所致则是N3期肺癌；如果是同侧病变所致则是N2期肺癌，都是晚期肺癌的两种情况，而非早期，不是外科局部治疗的指征。所以，同时性的多原发肺癌指的是早期肺癌，而不是指所有的肺癌。异时性的多原发肺癌也要分清楚间隔时间与是否伴有纵隔淋巴结转移及远处转移。因此，这些肺癌的诊治不能过度也不能不足。

除此以外，我们还要注意肺癌治疗进展中肺癌肺转移的治疗。肺癌常见的转移部位有脑、肝、骨、肾上腺，还有一个容易被忽视的就是肺癌肺转移。肺癌不但是发病率最高的原发肿瘤，肺也是全身恶性肿瘤中最容易发生转移的器官之一，尤其是骨肉瘤、软组织肉瘤、直肠癌、肾透明细胞癌、乳腺癌、前列腺癌，包括肺癌都是容易出现肺转移的肿瘤。肺转移瘤的预后不仅与转移瘤的数目有关，还与原发瘤的类型、原发瘤治疗后的无病生存时间等因素有关。比如肉瘤肺转移可以分批分期地长出来，这时候外科医生进行解剖性切除，比如全肺切除、肺叶切除，并不能给患者带来多大获益。所以肉瘤的肺转移切除应该是"精确切除"，就是尽量保留肺功能，即在保证距肿瘤一定切除边界的同时尽量保护正常肺组织，像掏土豆一样将瘤子去除。总的来说，在选择性地治疗晚期患者的过程中，我们对外科治疗的认识是不足的。大家认为外科治疗对晚期患者来说是没有效果的，这个认识今天看来有失偏颇，尤其是对肉瘤的肺转移、结直肠癌的肺转移和肾透明细胞癌的肺转移患者来说，外科手术的疗效是不错的。只要我们把原发瘤控制好，没有肺外转移，尽量保留肺功能，手术将病灶切干净，预后是远远好于非手术治疗的。

3 食管癌多学科诊治

食管癌是胸部肿瘤的又一种重要疾病。在我国，食管癌有其地域分布特点。从全世界范围来讲，西方国家的食管癌是在恶性肿瘤里上升最快的，不过西方国家的食管癌不同于我们国人的食管癌。东南亚人群的食管癌是以胸段的鳞状细胞癌为主，西方国家的食管癌则是以食管胃反流引起的食管下段或食管胃交界处腺癌为主。食管胃交界处腺癌也归属于食管癌。虽然我们国家食管癌的发病率有所下降，但仍是发病率居第六位的恶性肿瘤。关于食管癌的治疗，现在主要有外科治疗、放射治疗和化疗。目前还没有成熟的靶向药物治疗。传统意义上讲，我们国家食管癌的治疗措施只有手术或放疗。跟肺癌比起来，分期手段比较滞后，影像学的分期，包括CT、MRI、骨扫描、PET-CT和超声内镜等。遗憾的是，因为食管是空腔脏器，不像肺癌那样能测出大小，且常伴有梗阻，这些分期手段都不理想，所以分期的不准确是影响到食管癌相互比较、相互交流和预后判断的最大障碍。

我国目前食管癌手术治疗以中晚期为主逐渐转向以早期为主，从单一手术治疗转向多学科综合治疗。食管癌以往单一手术的五年生存率只有不到30%，曾一直停滞不前，但在近几年，虽然数据不多(很多数据因为记录及随访的问题无法分析)，五年生存率接近50%。虽然不如日本的疗效，但是比欧美国家要好，这主要是由于食管癌从单一的外科治疗过渡到了多学科治疗，多学科治疗最早是手术与放疗的结合。现在看来术前化疗意义更为重大，因为术前诱导放疗并没有改善疗效，术后的补充放疗也没有大幅度地提高生存率，而术前治疗，无论是术前单一化疗或是术前放化疗，都改善了患者的远期疗效。典型的例子就是术前单纯化疗的两大临床试验，一个是来自美国的RTOG 8911试验，该试验得出的是阴性结果，即单纯的化疗不改善食管癌的远期疗效，而来自英国的试验OEO2得出的结论截然相反，研究显示，单纯的化疗改善远期疗效，两年生存率提高了7%。对比两个研究，大部分学者承认美国的研究存在缺陷，如化疗周期的问题、依从性的问题、化疗后手术时间选择的问题等。而英国MRC的OEO2试验更符合真实情况，所以欧洲的食管癌治疗是以术前诱导化疗加手术为主。日本人得出的结论也是术前化疗联合手术优于单一手术，术前化疗优于术后化疗。2012年发表的荷兰CROSS试验得出了术前同步放化疗比单一手术要好的结果。自此，更多人认识到术前放化疗加手术优于单纯手术。但是，无论是美国的试验，欧洲的试验，还是荷兰的试验，都是以腺癌为主，而我们国家则以鳞癌为主，关于鳞癌的术前同步放化疗，目前我们国家还没有成熟的资料，还在搜集和总结中。

食管癌和肺癌不一样，食管癌是消化器官，手术治疗牵涉两个问题，一个是切除，让患者活下来；另一个是消化道的重建，让患者活得有质量。因为食管特殊的解剖位置，牵涉颈、胸、腹三个重要解剖区域，重建难度大，所以食管癌的并发症是非常高的。目前认为它是所有手术中最复杂、并发症率及死亡率最高的手术之一。以切除为主的综合治疗关乎到远期疗效，重建是以精明的外科技巧为主，关乎患者的术后生活质量。在生活质量、远期疗效方面，中国学者也接受了综合治疗，所以越来越多的胸外科医生和肿瘤科医生都认为食管癌应该综合治疗，诱导以后再手术。在重建方面，中国外科医生作出了巨大贡献，其一，广泛地开创微创手术(创伤更小)；其二，原来的胃代食管逐渐由管状胃替代，胃虽然小了，但患者术后的生活质量却大大提高。因此，在术后微创治疗、管状胃的制作以及改善患者生活质量、降低死亡率、降低并发症方面，中国医生以及东亚学者作出了巨大贡献，并受到了广大国际同行的认可。

4　中国医师协会胸外科医师分会 2015年年会概况

中国医师协会胸外科医师分会2015年年会参会人数出乎主办方和协会意料，光注册报名的医生就有1 000多位，还有一部分未注册的参会者。早在2014年6月15日在北京举办的第五届全国胸外科学术大会结束以后，协会就开始了第六届全国胸外科学术大会的筹备工作。此过程中，至少召开了6次筹备会，除了组织、学术安排以外，90%的精力都放在了学术活动方面。陈教授提到，今年的年会有如下几大特点。

自由来稿数量多。以往这类学术会议都是以约稿、征稿、继续教育为主，而今年的来稿则以原创性研究论文为主。80%的稿件是在作者投稿的基础上，经多轮筛选选出，再安排主会场发言。

主会场发言囊括多个方面，首先是张逊会长对我们医师协会致力于胸外科医生毕业后教育现状的展望以及设想。其次是由赫捷院士主导的肺癌标准化治疗的讲解，接着是王天佑教授就疼痛和快速康复等话题作的演讲。再者是由上海胸科医院陈海泉院长所代表的胸外科新技术、新理念——机器人手术。同时大会也邀请到了上海肺科医院的姜格宁教授就有关精准医学方面的展望作了大会发言。在食管外科方面，大会邀请了河南省肿瘤医院的李印院长作了展望性发言。大会报告还涵盖了法律方面的内容。所以主会场实际上包括了发展、培训、标准、新技术、学术和法律维权的内容，带有方向性的8个topic构成了主会场的开场。

主会场之后秉承了年会的一贯风格，即为食管外科分会和肺外科分会会场。可喜的是，今年大会成立了另一个亚专业组——手汗症。跟去年的胸腺专场类似，手汗症会场构成了今年的第三个会场。

在这三个会场中，食管外科会场和肺外科会场今年各选出了两个阶段共16个发言。这些发言都是基于原创性研究选出来的，选出后的每个作者有12 min的发言时间。同时，大会邀请了比发言专家更资深的专家对文章进行述评性点评。这种会议风格与AATS、STS等欧美国家会议相似。因为是初次尝试，大会组织者在会前与发言作者和点评专家进行了一对一的沟通，并对发言专家、点评专家的发言做了文字书面记录。于是，选好的32个话题由32个专家去负责，每个会场覆盖三位主持人。此外，从去年年会开始大会筹备小组对所有的来稿，包括约稿、自由来稿(包括发言以及壁报展出)，除了以下情况，都推荐刊登在约定杂志：(1)稿件质量不达标准的(约占了5%)；(2)约10%的作者表示不愿在指定刊物发表。因此有80%~85%的稿件都得以发表。在收稿的时候，对于发表的稿件我们继续再加工，进行全文延伸的跟进。发表的刊物包括两本英文杂志，其一是*Thoracic Cancer*，其二是AME出版社旗下的*Journal of Thoracic Disease*。除了这两本英文杂志外，主要是《中国肺癌杂志中文版》和《中华胃肠外科杂志》。此外，《临床外科杂志》《中华胸心血管外科杂志》《中国胸心外科血管临床杂志》《临床外科杂志》《中国肿瘤杂志》和《肿瘤学杂志》共9本杂志也承诺择优发表。在会议之前，相关编辑部的主要编辑进行了选稿和审稿。除了大会发言的稿件各自名花有主以外，以壁报展出的稿件也进行了选稿，大部分壁报也已接受发表。由于时间和空间的限制，有部分论文未能安排会议发言和壁报展示，但也都被收录到了会议论文集中。我们组织了专家团队进行帮扶，只要文章合理、数据真实，写作方面有问题的，会有医师协会组织的一对一的高层专家对基层医生进行辅导，把文章整理好后，再提交到上述杂志审议发表。这次学术活动与往届或同类会议相比，有了巨大的改进。今年年会自由投稿有188篇，同比增长80%。

值得一提的是，在今年年会的开幕式上，大会对在胸外科取得卓越贡献的老一辈专家进行了表彰，共表彰了8位专家。大会特别邀请到了北京电视台著名的节目主持人宁小川宣读表彰词，一改以往由单位提供表彰词的方式，同时对这些老专家进行了视频介绍。老一代专家为胸外科发展所作出的巨大贡献，激励着年轻一辈的中青年专家在胸外科的道路上继续无畏探索。

（采访编辑：黎少灵、高凤平，AME Publishing Company）

AME通讯邮箱：kysj@amegroups.com
受访专家工作邮箱：chenkeneng@bjmu.edu.cn
科室秘书处电话：13651100224
科室地址及邮编：北京市海淀区阜成路52号北京大学肿瘤医院胸外一科，100142

陈克能：

胸腺瘤大数据——中国声音 (ChART) 大放异彩

编者按： "第六届国际胸腺肿瘤协会(ITMIG 2015)年会"于2015年10月23日—25日在中国上海环球富豪东亚酒店隆重举行，世界胸腺肿瘤领域著名的研究学者和临床专家齐聚本次大会。

简介见前文。

　　胸腺瘤是一类来源于胸腺上皮的罕见肿瘤，人群发病率约为3/100万(相当于肺癌的1%)。由于缺乏重视，一度在影像、病理、诊断及治疗等方面存在很大争议。随着国际胸腺肿瘤协会(ITMIG)的建立，2012年6月，中国胸腺瘤协作组(Chinese Alliance for Research of Thymoma，简称 "ChART")成立于上海，创始成员包括来自全国不同城市的10家医院(上海胸科医院、北京大学肿瘤医院、中山大学肿瘤医院、天津大学肿瘤医院、四川省肿瘤医院、河南省肿瘤医院、复旦大学中山医院等)，到目前ChART成员增至20余家医院。自成立之初，ChART致力于建立中国胸腺瘤合作数据库，并逐步得到国际认可，目前已加入ITMIG数据库。在本次会议上，ChART研究硕果崭露头角，多项回顾分析研究结果的公布见证了中国在国际胸腺瘤研究领域的影响力。

　　会议第一天，ITMIG成员之一陈克能教授详细汇报了基于ChART回顾性数据库的研究结果。会后，我们有幸邀请到陈教授进一步分享ChART组织的学术成果。

采访问题

　　作为ChART 研究组的创始成员之一，您能否介绍一下这次ITMIG年会上，ChART 研究组将带来哪些学术成果汇报？

陈克能：
胸腺瘤大数据——中国声音(ChART)
大放异彩

视频观看链接：
http://kysj.amegroups.com/articles/3732

（采访编辑：黎少灵，AME Publishing Company）

AME通讯邮箱：kysj@amegroups.com
受访专家工作邮箱：chenkeneng@bjmu.edu.cn
科室秘书处电话：13651100224
科室地址及邮编：北京市海淀区阜成路52号北京大学肿瘤医院胸外一科，100142

陈海泉：

Bilateral exchange, mutual benefit

编者按：由中国医师协会胸外科医师分会主办的"中国医师协会胸外科医师分会2015年会暨第六届全国胸外科学术大会"于2015年6月12日在杭州市召开。奔赴前线的 AME 出版社的编辑邀请到了上海胸科医院院长(现为复旦大学附属肿瘤医院胸部肿瘤多学科诊治组首席专家、肺癌防治中心主任)陈海泉教授就机器人手术、胸外科医师培养等问题进行了交流与分享。

陈海泉，医学博士、主任医师、教授、博士研究生导师，复旦大学附属肿瘤医院胸部肿瘤多学科诊治组首席专家、肺癌防治中心主任。担任AATS会员、STS国际关系部委员、FCCP和JOCR副主编。

1 机器人手术的开展

上海市胸科医院于2009年在国内率先开展Davinci手术，积累了丰富的临床经验。2015年2月，在陈海泉教授的组织下，上海胸科医院成功举办首届上海胸科机器人胸部手术国际论坛。会议邀请了国内外胸部外科微创领域知名专家学者，分享经验、探索未来，共同推动胸部外科微创事业的繁荣与发展。

总体来看，机器人手术在整个中国的发展还不是非常普及。以胸外科为例，累积到2014年年底，中国完成了约1 000例机器人手术(包含各类手术)。跟其他外科技术相比，这个量是非常小的。陈教授表示，原因有二：(1)机器人手术的准入限制。机器人手术设备由国家宏观控制，并不是有钱就能买到机器。对于机器购买数量，国家会有限制。没有准入，没有机器就无法开展机器人手术。(2)机器人手术费用相对高昂，将增加患者的负担。在开始阶段，机器人手术学习曲线区间会比较困难。在上海胸科医院，2009—2014年9月大概开展了80多台机器人手术。而2014年9月以后，陈教授率领医院采取了很多措施来推动机器人手术的开展。因此，到目前为止，国际上能够跟上海胸科医院每月开展的机器人手术

复旦大学附属肿瘤医院是国家卫生和计划生育委员会预算管理单位，是复旦大学附属医院和上海市红十字会医院，是一所集医疗、教学、科研、预防为一体的三级甲等肿瘤专科医院，其前身是中比镭锭治疗院，于1931年3月1日正式成立，是中国成立最早的肿瘤专科医院。

量相提并论的医院寥寥无几。2015年，上海胸科医院成为单一年度、单中心、全世界范围内机器人手术开展得最多的医院。

2 术中病理对手术方式选择的影响

对肺癌来说，肺叶切除加淋巴结清扫一直是标准的手术方式。随着越来越多的早期肺癌患者被发现，早期患者切口更小化以保留更多健康的肺组织成为胸外科医生亟需考虑的问题。20世纪90年代，纪念斯隆-凯特琳癌症中心(MSKCC)当时的一个临床研究表明亚肺叶切除不利于患者获益：亚肺叶切除增加了手术并发症、死亡率和术后局部复发风险。在这种情况下，亚肺叶切除的发展几乎进入了死胡同。"近几年，我们发现很多早期肺癌患者都是根据影像学检查结果、PET-CT、病灶大小等方面情况来选择手术方式。其实这些判断都是不科学的。我们前期研究就发现，即使是早期肺癌(临床上 I 期的肺癌)也有3%~5%的N1或N2会发生转移。根据我们收集的数据进行回顾性分析，就会发现原位腺癌和微浸润腺癌并没有淋巴结转移，因此这些患者不需要进行淋巴结的清扫。同理，如果这些患者接受亚肺叶切除，是能够获益的。基于这个研究，我们把前瞻性收集的结果也进行了回顾分析，纳入分析的共有1 000多例患者，看看冰冻切片病理检查结果和最后的石蜡切片病理检查结果的符合度，看看这个是否会影响手术决策。在分析中，我们发现真正影响到手术决策的只有0.5%，也就是说这个数还是非常准确的。"陈教授提到。

3 胸外科医生培养：临床与科研两手抓

近年来，中国在国际学术舞台风起云涌。在四项国际顶级的胸外科学术大会(AATS、STS、EACTS、ESTS)中，中国讲者团队以及参会队伍不断壮大。今年ESTS大会的主席 Alper Toker教授就表示，今年的ESTS年会，中国是本届大会参会人数最多的国家，为促进中国与ESTS的合作奠定了坚实基础。

陈海泉教授带领的团队在国际舞台也崭露头角。其中，王瑞医生在2012年获得ACCP的Alfred Soffer Research Awards奖项。截至当年，这是国内医生第二次获得该奖项。2014年，李斌医生斩获第九十四届美国胸心外科年会普胸组壁报大赛第一名，成为首次获此殊荣的中国参赛者。孙艺华医生在2014年获得国家的"优秀青年科学基金"项目资助。成兴华医生在今年由AME出版社主办的ESTS病例赛亚洲队选拔赛中脱颖而出，成为今年ESTS Master Cup病例大赛亚洲队年轻队员之一(中国一共入选四位队员，其中两位年轻队员，两位Senior Member)。值得一提的是，今年亚洲队在ESTS病例大赛中首次获得冠军。

关于年轻外科医生的培养，陈教授分享了他的经验：除了临床培训以外，还要注重科研培训。"我们的培养目的非常明确，主要是送出国去，让他们带着目的，带着问题，带着任务出去。目的性强的话，也会看到一些预期结果。"陈教授表示。

对于"临床和科研如何两手抓"这个问题，陈教授建议年轻医生要脚踏实地。"所有问题都来自于临床，基础工作要做好，努力让每个患者都能得到有效治疗，同时不能把研究和临床对立起来。有人说会写文章会做科研的就不会看病，这是误解。我们每天日常的医疗工作，都是别人的工作总结，别人发表的内容，不是凭空瞎想出来的。如果您能够把好的研究整理出来，就可以是一篇好的文章。关键是我们要把这些研究准确无误地记录下来，得到一个结果。"陈教授分享道，"简单来说，临床研究就是遇到临床问题，采取一个方法解决了问题或得到比以前更好的结果。"

采访之时，AME出版社病例挑战赛ESTS选拔赛总决赛正好落下帷幕。谈到其带领的团队成员陈天翔医生成为总决赛的十强选手，陈教授大赞其很有上进心。"我很高兴看到这么多年轻人表现这么优秀。我们应该给他们创造一些条件、机会让他们去展示，踏实地做一些事情。"

4　从"走出去，请进来"到"请出去，走进来"

陈教授在2004年成为美国胸外科医师协会(STS)会员，在2011—2015年担任STS国际事务部委员，致力于推动中国医生和STS的交流。鉴于陈教授的杰出贡献，美国胸外科医师协会提名委员会提名陈教授于2016年担任理事会国际理事(理事会大约由18人组成，其中15名美国人，1名加拿大人，1名荷兰人，1名中国人)。

"STS和EACTS两个协会的联合会议将于2016年10月在上海举办。从这几年的经验看来，我们过去是'走出去，请进来'，即我们走出去学习，把有名的专家请进来。现在我们实现了一个跳跃，一个转变，那就是'请出去，走进来'。越来越多的中国专家被邀请到国外讲课，而国外专家来到中国学习。我们把中国的胸外科医生推向国际。Bilateral exchange, mutual benefit。我们很高兴看到这样一种双向的、真正意义上的国际化交流。"陈教授说道。

陈教授本次被提名，代表了国际同行对其团队及中国医师在国际心胸外科领域所作贡献的高度认可。那么提名的标准是什么？陈教授表示，他个人认为STS非常注重学者的品质——其中又以"诚信"(Honest)为重，包括研究数据是否真实、个人信用是否良好，同时，在过去的工作中是否积极、是否作出贡献也是重要的考量标准。

陈教授还提及，美国胸外科医师协会(STS)致力于提升国际心胸外科的医疗质量和科研水平，建有美国国家医疗质量数据库，组织开展了严格的质量评估项目，并积极推动国际同行间的科研合作，这些做法对提高中国心胸外科临床水平、加速科研发展具有非常良好的借鉴作用。中国拥有庞大的临床资源，其临床研究的成果也被越来越多的国际同行认可，不断加强的中外学术交流合作，将更有利于推进国际心胸外科的快速进步。

5 AATS见闻：世界看到了中国胸外科的进步

陈教授于2011年当选AATS Active Member，在2013—2015年连续三年应AATS的邀请做大会发言人，并被提名担任2016年年会第一天会议的共同主席，过去AATS协会以心外科为主，这几年普胸外科领域才慢慢发展起来。AATS Focus会议从2012年开始，目前已经举办了四届，连续几届会议，陈海泉教授或其团队成员都被邀请为大会讲者。陈教授说："AATS学会领导层看到了我们中国胸外科的进步，每年都有纳入中国专家作为active member。"值得庆贺的是，陈教授被提名作为AATS membership committee的member，这意味着陈教授将具备选举AATS member的资格。

谈及带领上海市胸科医院医师团队参加2015年4月25日—29日于西雅图举办的第九十五届美国胸心外科年会(AATS年会)的见闻与感想，陈教授感慨良多。在这次年会上，许多中国医师都踏上了讲台，国内许多优秀的研究成果也得到了国际的重视，而国际学会组织的务实精神与高执行力亦令我们深深折服。陈教授同时表示，正在与MSKCC(Memorial Sloan Kettering Cancer Center)等知名国际学会组织沟通，争取与他们合作在中国举办会议，进一步推动心胸外科领域的中外交流。陈教授说："国内很多人没有机会到国外，所以把国外会议搬到国内，对国内专家来说，是一个机会。"

作为为数不多的来自中国的AATS member，陈教授直言，就AATS会议来说，普胸外科相关的内容相对还是较少，心外科在AATS协会仍然占主导地位。陈教授提到："可以看到，近几年普胸外科进步很快。过去美国心外科很强势，而心胸外科医生培训时间长，所以选择了胸外科的人都想做心外科医生而不愿做普胸外科医生。于是，大部分胸外科手术由普外科医生做。我在美国的时候看到，基本上80%的胸外科手术都由普外科医生来做，现在这个比例降到了20%~30%(地区间也有差异)。"

6 医疗行为是否可被人工智能取代？

对于由围棋界"人机大战"而引发"医疗行为是否可被人工智能取代"的话题，陈教授也有所关注。陈教授认为："人工智能下棋没问题，但在诊断上可能是有问题的。下棋与诊疗相比，简单多了。下棋需要计算能力，人脑肯定没机器人算得快。至少在可见的未来，人工智能是不能完全取代医生的医疗行为的，包括互联网医疗。如果人工智能取代医生可行的话，每个国家医疗投入就太简单了，收集全世界最好的教科书，每个家庭发一套，那人人就可以成为医生了吗？这显然是不现实的。"

（采访编辑：黎少灵、李媚，AME Publishing Company）

AME通讯邮箱：kysj@amegroups.com
受访专家工作邮箱：hqchen1@yahoo.com
科室秘书处电话：64175590-82500
科室地址及邮编：东安路270号复旦大学肿瘤医院胸外科，200032

陈椿：

SBRT 联合手术或成未来治疗方案

编者按："第四届中国胸外科肺癌协作组(CLCCG)高峰论坛暨第十届中国胸外科主任肺癌高峰论坛"于2015年5月24日在广州阳光酒店胜利召开。会上，专家们就非小细胞肺癌的精准诊断、治疗及展望展开精彩讨论。会议间隙，福建医科大学附属协和医院副院长、胸外科主任陈椿教授接受了AME出版社的专访，畅谈肺癌精的准治疗策略、外科治疗的地位、SABR *vs.*手术等问题。

陈椿，教授、主任医师，医学博士，博士研究生导师，现任福建医科大学附属协和医院副院长、胸外科主任，致力于胸外科领域的临床和教学科研工作30年，在肺癌、食管癌、胸腺瘤微创诊治方面成果丰硕，在SCI源期刊及国内核心期刊发表论著数十篇，是国内少有的同时在中华医学会和中国抗癌学会肺癌及食管癌两大疾病专业委员会中任职的普胸外科专家。

1 肺癌的精准治疗策略

当前，肺癌的治疗手段主要包括手术、化疗、放疗、靶向治疗、中医中药、生物免疫治疗等。其中化疗、中医中药、靶向治疗属于全身性的治疗，而外科手术、放疗则属于局部性的治疗。"无论是全身性的治疗还是局部性的治疗，都讲究'准确'！"福建医科大学附属协和医院副院长、胸外科主任陈椿教授如是强调。从全身性的治疗来说，不同的肺癌，要选择不同的化疗方案。从基因层面来说，不同的驱动基因的改变，对应的也是不同的靶向治疗。外科手术也一样。外科手术跟放射治疗都属于局部性的治疗，同样讲究不同的时机做相对应的手术。陈教授特别指出："能不能做手术？做多大的手术？这都需要很精确的、个体化的定位。"不断更新的NCCN指南，以及中国肺癌治疗规范，都是为了提出更规范化的治疗方案。一个患者，从他被怀疑是肺癌，到最终确诊为肺癌，根据病变的具体分期，来确定患者是适合局部性的治疗，还是适合全身性的治疗。治疗方案必须要量身定做。以往的手段比较粗糙，医生通过CT扫描、B超等途径即作出判断，实施手术。现如今，科技手段已非常发达，不仅可以通过物理检查、仪器检查，还可以做基因检测，然后从循证医学的角度、

福建医科大学附属协和医院胸外科是福建省首批医学重点学科，历经半个世纪的发展，目前已成为福建省综合实力最强的普胸外科，现为福建省胸心外科学博士点基地暨福建省胸心外科研究所。科室在胸部肿瘤诊疗上技术精湛、经验丰富，在胸腔镜微创领域成绩突出，同时也是福建省内唯一有资质开展肺移植的医疗中心。科研上在肺癌、食管癌、胸腺瘤、肺移植等多项课题上均有深入研究，于2012及2015年度分获福建省科技进步奖。

从患者生存期的角度，去分析具体的病变、分期以及治疗方法，从而使患者获益更多。医生能够做的就是通过现有的各种手段，提供最准确的诊断，进而给患者提供最好的治疗。

2　外科治疗的地位

作为一种局部治疗的手段，到目前为止，外科手术对早期肺癌的治疗，效果仍然十分显著。对于过于晚期的、全身性疾病的患者，外科治疗更偏向于姑息性治疗。从循证医学的角度来讲，目前大部分数据显示：如果病变仍处于比较早期的话，患者接受以外科为主的综合性治疗，其生存期较长。

3　SABR *vs.* 手术

目前，美国MD安德森肿瘤中心的张玉蛟教授发布了关于早期肺癌治疗的重大临床科研成果——对于可进行手术治疗的Ⅰ期非小细胞型早期肺癌患者，SABR比目前的标准治疗方法(侵入性手术疗法)，更能延长存活率。这是一个让人很受鼓舞的成果。如果通过这种非侵入式的、非创伤治疗，能够给患者提供很好的疗效，那么，很多患者也会愿意接受。"作为一个医生，我也愿意看到，患者在一种非侵入式的、非创伤的手段治疗下获益。但是，同时我也觉得，这个结论下得为时尚早，还需要更多的证据来验证。"陈教授坦言。外科手术与放射治疗，均为局部治疗的手段。不论是放射治疗，还是手术治疗，前提是患者必须确诊为肺癌。临床上，我们通过磁导航、穿刺等途径来确诊，证实病变为肺癌。如果明确了病变是早期肺癌的话，那么就有两个选择：手术或者SABR治疗。多一种手段治疗，患者就多了一个存活的机会。无论是哪种治疗方法，都存在弊端。以外科手术为例，它也有如下缺点：第一，患者要受到侵入，会有创伤，会给患者带来痛苦；其次，手术对患者的身体条件也有要求；此外，不是所有的病变都能切得干净；最后，手术不能反复做。而对于立体定向放射疗法来说，其缺点如下：就现有的技术而言，随着患者的呼吸，放射定位有困难；随着技术的发展，有些新的技术可以克服这个困难，但是放射治疗不一定能对周围淋巴结引流区域进行彻底治疗；一些淋巴结的微转移也不一定能得到治疗；淋巴结转移的站数无法评估。因此，张教授团队的研究成果还需要循证医学去进一步证实。在未来，如果患者既可以接受手术，又可以接受SBRT，那么这两种方案或许可以联合使用，可以互相补充，同时也可以被看成是精准治疗理念的一部分。

（采访编辑：王嘉慧，AME Publishing Company）

AME通讯邮箱：kysj@amegroups.com
受访专家工作邮箱：chenchun0209@163.com
科室秘书处电话：徐国兵，18059036047
科室地址及邮编：福建省福州市鼓楼区新权路29号外科楼八楼八区胸外科，350000

邵文龙：

裸眼 3D 技术让学习曲线缩短

编者按： "广东省医学会第一次胸外科学学术会议暨第一届全国腔镜气管隆突手术研讨会暨第八届中国肺癌微创治疗论坛"将裸眼3D手术技术带进了大家的视线。AME出版社有幸邀请到广州医科大学附属第一医院胸外科的副主任医师邵文龙教授接受采访，介绍裸眼3D技术在医学领域上的最新应用。

邵文龙，医学博士，副主任医师，广州医科大学附属第一医院胸外科。自1997年参加工作以来，主要从事胸外科的基础研究与临床工作。曾于1997年7月至2002年8月在食管癌最高发地区河南安阳市肿医院胸外科工作，致力于食管癌的普查和以手术为主的综合治疗工作。

微创手术器械的改进和发展给医学界带来了巨大而深远的发展变化，2D胸腔镜技术是目前比较普及的胸腔镜技术，做胸腔镜手术基本上采用的都是2D技术。邵文龙教授认为，传统的2D胸腔镜技术存在一个缺陷，那就是它的平面图像。在传统的采用2D胸腔镜技术的手术过程中，必须要将在屏幕上获取的2D图像在医生脑海中转化为3D图像，同时思考周边的结构再进行手术，才能保证患者的安全。因为多了这样一个在大脑中进行图像转换的过程，所以使得学习曲线延长，学习难度增加。而后来发展的3D胸腔镜技术能够使医生更清楚更立体地看到血管、气管以及周围结构等图像。在这种情况下，手术操作会相对比较容易，学习曲线也会相对缩短。但它同样存在缺陷，那就是医务人员在手术中必须佩戴眼镜。邵教授指出，3D眼镜的佩戴会造成手术中需要光线亮度的衰减，所以3D胸腔镜手术会增加眼睛的疲劳感。而且对那些不习惯戴眼镜的医生来说，也会给他们带来不适感，因为戴上口罩后，冒出来的蒸汽会使眼镜片模糊，给手术带来一定的难度。裸眼3D技术就解决了这两个问题，即既能真实地呈现手术中的解剖结构，使手术变得安全，学习曲线缩短，又能解决配戴3D眼镜带来的不便。

医生需要长时间的训练才能掌握2D胸腔镜技术，3D技术发展以后，许多医生都倾于用3D技术做手术，因为3D胸腔镜手术确实有许多优势。然而邵教授也指出，普通3D技术所必备的眼镜也可能给手术带来不便。裸眼3D技术出现以后，由于它具有更好的显示技术，能使医生直接获得三维的图像，所以将来裸眼3D技术逐渐成熟了后，它将取代2D和普通3D技术，这是个大趋势。它是否能够完全取代过去的技术还需要一个过程，但最终裸眼3D技术的发展必定会好于2D胸腔镜技术和普通的3D技术。

而对于学习裸眼3D技术会不会对操作人员有更高的要求，邵教授给出了否定的答案。裸眼3D技术呈现的是3D图像，对于初学者来讲，它的学习曲线相对于2D胸腔镜手术会缩短，因为它重现的更真实的图像会使医生的判断更准确，学习的时间会缩短，所以邵教授认为裸眼3D技术并不会增加学习曲线的长度。

在手术中团队的配合尤其重要，在进行裸眼3D的高难度胸腔镜手术中，医生团队的配备上也有了新的变化。邵教授指出，裸眼3D手术技术除了在视觉上的3D技术，还有一个跟踪技术。在跟踪技术的应用中，一块屏幕只能跟踪一个人的眼睛呈现裸眼3D图像。这样一来，就有了新问题的出现，比如说需要两个人同时看一个屏幕的时候，应该如何解决这个跟踪问题？或是在操作的时候出现由于焦距不同，每个人看的图像都不一样的问题又该如何解决？关于这些问题邵教授他们一直在思考，而他们认为最好的解决方法就是，每个人单独配备一个屏幕进行跟踪，如此每个人呈现的图像都是真实的。

谈及其在学习裸眼3D技术方面的经验时，他表示，从裸眼3D技术想法的提出到最近的产品开发，经过一年时间的多次调试，总结出以下心得体会：第一，裸眼3D技术更清晰立体地呈现了裸眼的图像，医生可以看到病变或是局部解剖的真面目，使学习更方便；第二，医生必须慢慢适应裸眼3D的跟踪技术，才能实现团队间的配合；最后，医生在学习的时候必须认识到裸眼3D技术只是使学习更容易，学习曲线更短，而基本的解剖学习和训练仍需要加强。

（采访编辑：黄楚君，AME Publishing Company）

AME通讯邮箱：kysj@amegroups.com
受访专家工作邮箱：wenlong@gird.cn
科室秘书处电话：020-83062807
科室地址及邮编：广州市越秀区沿江路151号，510120

范军强：

未来发展之复杂病例的胸腔镜手术治疗

编者按： "第一届全国全腔镜气管隆突手术学术会议暨第八届肺癌微创治疗论坛"于2015年5月16日在广州医科大学附属第一医院召开。会上，范军强教授向参会人员展示了单孔VATS左下肺癌根治术的手术视频，分享了自己的成功经验。会议间隙，范教授接受了AME出版社的采访，就肺癌多学科治疗、Tubeless VATS以及裸眼3D胸腔镜技术发表了自己的看法。范教授认为，复杂病例的胸腔镜治疗将会是未来的研究和发展方向。

采访问题

1. 如何发挥多学科的优势使肺癌患者得到更好的治疗效果？
2. 如何看待Tubeless VATS？
3. 第八届肺癌微创治疗论坛令你印象最深的环节是什么？

范军强，博士(Ph.D & M.D)，副主任医师，浙江大学医学院附属第二医院胸外科副主任。国际肺癌研究协会(IASLC)会员、中国医师协会胸外科分会(CATS)会员、浙江省医学会胸心外科学分会胸腔镜学组委员。

AME Publishing Company

范军强：
未来发展之复杂病例的胸腔镜手术治疗

视频观看链接：
http://kysj.amegroups.com/articles/2784

（采访编辑：王嘉慧，AME Publishing Company）

浙江大学医学院附属第二医院学科齐全，拥有临床和医技科室51个，拥有卫生部临床重点专科13个，教育部重点学科1个，重点培育学科1个，包括肿瘤、眼科、心血管内科、外科、骨科、神经外科、神经内科、急诊医学科、皮肤科、呼吸科、烧伤科、过敏科和护理学。医院重视医疗质量管理，院内附设浙江省病历管理、临床麻醉、急诊医学、感染管理、心血管疾病介入诊疗、高压氧医疗质量控制中心及多个医学技术指导中心。胸外科现有3个病区(包括解放路院区普胸及重症监护病区，滨江院区普胸病区)，拥有自己独立的监护病房，是该省最具规模的胸外科。

AME通讯邮箱：kysj@amegroups.com
受访专家工作邮箱：fanfun@126.com
科室秘书处电话：0571-87783641(解放路)；0571-89713723(滨江院区)
科室地址及邮编：杭州市解放路88号浙医二院胸外科(解放路院区)，310009；杭州市滨江区江虹路1511号浙医二院滨江院区胸外科(滨江院区)，310053

赵晓菁:

具备"犯贱"精神，勇于挑战新事物

编者按：2015年11月28日—29日，"首届东南胸外科论坛暨第一届福建协和食管癌肺癌微创手术新进展学习班"在美丽的福州举办。此次会议聚集了国内胸外科专家，共同分享探讨胸外科领域的各个热点话题。会议的一大亮点则在于首日的热点对话环节，围绕肺癌与食管癌方面的热点争议，专家们唇枪舌战，会议现场火花四射，让在场观众获益匪浅。来自上海交通大学附属仁济医院的赵晓菁教授不仅为大家演示了精彩的单孔手术直播，更在"胸腔镜肺癌根治术单孔或多孔选择"这一热点对话话题中，从自身经验出发进行了出色演讲。演讲结束后，AME出版社对赵教授进行了专访。

赵晓菁，上海交通大学附属仁济医院胸外科主任，擅长于肺、纵隔、气管等疑难疾病的诊断和手术治疗，尤其擅长于运用胸腔镜和纵隔镜等微创方式诊治胸部疾病。

采访中，谈及年轻医生培养方面的经验，赵教授以自身科室培养方式为例，认为对年轻医生的培养应结合许多方面——结合"养"与"Push"，培养年轻医生的责任感以及风险控制的能力，鼓励年轻医生谦虚学习他人经验，不断提升自我。

基于大环境下的医患关系现状，赵教授认为，在与患者沟通的过程中除了要注重换位思考，了解患者及家属所需，医生自身也应"练好内功"，以实现对患者心理生理的同时治疗。

在手术演示环节中，赵教授与在座观众提到了外科医生所应具备的"犯贱"精神，措辞个性的同时更引人深思。而在此次采访中，赵教授也与我们诠释了这种"犯贱"精神的含义——在习惯了原有的手术模式后，外科医生不应安于现状，固步自封，而是应当以患者安全为基础，勇于挑战新事物，挑战极限，以求不断创新，不断进步。

上海交通大学医学院附属仁济医院创建于1844年，是上海第一所西医医院。建院172年来，医院的规模不断扩大，目前已经成为一所学科门类齐全、技术力量雄厚，集医疗、教学、科研于一体的大型综合性三级甲等医院。上海仁济医院胸外科于20世纪50年代初由王一山、梁其琛等国内著名教授创建，20世纪50年代即开始肺癌、食管癌和胸腺瘤的外科治疗，在国内外具有很高的知名度和影响力。凭借深厚的技术底蕴，仁济医院胸外科开展了各类胸外科手术，同时也是国内最早开展胸腔镜手术的中心之一，目前开展的微创胸腔镜手术涵盖了所有胸外科常见病种。2014年以来开展了包括单孔胸腔镜手术、机器人辅助胸腔镜手术、剑突下胸腔镜手术等各类最新胸腔镜技术，在国内处于领先地位。

采访问题

1. 您今天早上做了关于肺段切除的演示，此次论坛的热点对话环节也涉及了一个话题，那就是关于"亚厘米早期肺癌外科切除的术式选择"，针对"肺叶切除"和"肺段切除"，您个人对这个话题是如何看待的？针对亚厘米早期肺癌，您个人倾向于哪种选择？

2. 您在今天的演示里提到外科医生应该要有一种"犯贱"精神，换句话说就是要有一种"敢作"精神，您能与我们分享一下何为"犯贱"精神吗？这种精神对外科医生的发展有什么影响？

3. 我们也知道您注重对年轻外科医生的培养，比如，您会让他们参与一些学术的分享，去做presentation，那么您能与我们分享一下，在日常培养中，您会通过哪些方式培养年轻外科医生哪些方面的技能？

4. 您在医德方面也是享有盛誉的，您觉得在与患者沟通时应该注意什么？

赵晓菁：
具备"犯贱"精神，勇于挑战新事物

视频观看链接：
http://kysj.amegroups.com/articles/3964

（采访编辑：高凤平，AME Publishing Company）

AME通讯邮箱：kysj@amegroups.com
受访专家工作邮箱：zhaoxiaojing@renji.com
科室秘书处电话：021-68383770
科室地址及邮编：上海市浦东新区浦建路160号7号楼10楼，200127

姜宏景：

内心强大方能走到最后

编者按： 2015年11月28日—29日，"首届东南胸外科论坛暨第一届福建协和食管癌肺癌微创手术新进展学习班"在美丽的福州成功举办。此次会议聚集国内胸外科专家，共同分享探讨胸外科领域各个热点话题。会议的一大亮点则在于四轮的热点对话环节，围绕肺癌与食管癌方面的热点争议，专家们唇枪舌战，会议现场火花四射，让在场观众获益匪浅。在"胸腔镜肺癌根治术单孔或多孔选择"这一环节中，来自天津医科大学附属肿瘤医院的姜宏景教授从主张三野淋巴结清扫的角度出发，论述了其依据。会后，AME出版社有幸邀请姜教授接受采访，与我们分享了其对二野淋巴结清扫与三野淋巴结清扫的看法。

姜宏景，主任医师，教授，任职于天津医科大学附属肿瘤医院胸外科。从事胸部肿瘤研究20年，主持及参与市级、局级等科研课题多项，并获医科大学科技进步奖。

在采访中，谈及外科医生应当具备何种技能以成功完成手术时，姜医生认为，除了各个学科必要技能的学习以及不断从错误中完善自我以外，一颗强大的内心与坚定的心志是作为医生必不可少的要素。

面对负面情绪，姜教授如此说

作为医生，某一时刻或者某一阶段获得的成就感(例如做好了从前做不了的手术)是一种很大的鼓舞，但这毕竟是短暂的。当回头再看手术录像时就会发现其中的不足，这些不足会促使年轻医生不断改进，不断提升自我，同时也不免让医生感到挫败。越是年轻的时候，所面对的挫败会越多，负面情绪也越多，而成就感相对较少。因此，面对诸如此类的负面情绪，很重要的还是要有一颗强大的内心与坚定的心志，明确自己的目标，不断坚持，慢慢积累经验，以求从量到质的蜕变。

采访问题

1. 在关于食管癌淋巴结清扫范围选择的话题中，作为

天津医科大学附属肿瘤医院是我国肿瘤学科的发祥地，是集医、教、研、防为一体的大型三级甲等肿瘤专科医院，是我国规模最大的肿瘤防治研究基地。食管肿瘤科在胸部肿瘤的诊断和治疗等方面见长，开展常规的食管肿瘤切除术、食管癌根治手术、肺叶切除术、全肺切除术和纵隔肿瘤切除术等，还进行了大量的难新手术，如贲门癌全胃切除术(R2)、肺叶袖状切除术、两切口、三切口食管癌根治术、经右胸腹联合切口的食管癌根治术、胸腔镜下的肺切除术等。

主张三野淋巴结清扫的蓝方，您能首先与我们分享一下，与二野淋巴结清扫相比，三野淋巴结清扫有何优势吗？

2. 您对于今后食管癌治疗的发展有何寄望？

3. 我们知道您在微创食管癌手术、食管癌根治术等方面经验丰富，根据您的经验，您认为要成功完成这些手术，作为医生自身应具备哪些方面的技能？

姜宏景：
内心强大方能走到最后

视频观看链接：
http://kysj.amegroups.com/articles/3969

（采访编辑：高凤平，AME Publishing Company）

AME通讯邮箱：kysj@amegroups.com
受访专家工作邮箱：m18622221069@163.com
科室秘书处电话：022-23340123转1041
科室地址及邮编：天津市河西区体院北环湖西路天津医科大学肿瘤医院A楼4楼食管肿瘤科，300060

视频访谈

顾春东：

液体活检和二代测序开始步入中国临床

编者按：2015年3月4日在广州举行的"第十三届中国肺癌高峰论坛"上，与会专家们对于液体活检和二代测序的现状和发展前景，进行了总结和热烈的讨论。借此机会，AME出版社采访了大连医科大学附属第一医院胸外科主任、大连肺癌诊疗基地学科带头人顾春东教授。顾教授表示，液体活检和二代测序在中国才刚开始步入临床，遇到的瓶颈问题还很多，需要一步步地完善才可以推广运用。采访的最后，对于液体活检和二代测序，顾教授幽默地比喻道，"想说爱你不容易"！

顾春东，医学博士，教授，博士研究生导师，大连医科大学附属第一医院胸外科主任，大连肺癌诊疗基地学科带头人。中华胸心血管外科学会肺癌学组委员、中国医师协会胸外科分会委员、中国医疗保健国际交流促进会胸外科分会委员。3项肺癌诊疗相关的国家级继续医学教育项目负责人。主要从事肺癌、食管癌的临床诊疗、科研和教学工作。

采访问题

1. 就目前来看，我国的液体活检和二代测序的发展现状如何？在肺癌的临床运用中情况又是怎样的呢？
2. 目前制约着液体活检和二代测序发展的主要因素有哪些？
3. 就发展趋势来看，液体活检和二代测序会发展成互补关系，还是面临二选一的情况？
4. 作为一名胸外科医生，您对于二代测序和液体活检在术后随访、术后检测方面的发展前景如何看待？

AME
Publishing Company

顾春东：
液体活检和二代测序开始步入中国临床

视频观看链接：
http://kysj.amegroups.com/articles/3740

（采访编辑：何朝秀，AME Publishing Company）

AME通讯邮箱：kysj@amegroups.com
受访专家工作邮箱：chundong2003@163.com
科室秘书处电话：18042626576
科室地址及邮编：辽宁省大连市沙河口区联合路路193号，116011

文字访谈

殷伟强：

裸眼3D技术，一个革命性的进展

编者按： "第一届全国全腔镜气管隆突手术学术会议暨第八届肺癌微创治疗论坛"于2015年5月16日在广州医科大学附属第一医院召开。会上，广州医科大学附属第一医院胸外科主任医师殷伟强医生接受了AME出版社的采访，就Tubeless VATS和裸眼3D技术发表了自己独到的观点。

殷伟强，广州医科大学附属第一医院胸外科主任医师，熟练掌握肺、气管、纵隔肿瘤以及食管癌等胸外科常见疾病的诊断与治疗技术，擅长微创胸外科技术及肺癌综合治疗。

AME：Tubeless VATS 的出现让许多患者得以快速康复出院，请问此项技术适用于哪类人群？

殷伟强： Tubeless VATS意味着患者在手术麻醉期间不插管，即不留置气管插管、胸腔引流管和尿管。因为患者在手术麻醉期间不插管，所以要求手术难度不应该太高，手术时间不能太长，否则麻醉医生进行气道管理就会很困难。胸腔引流管的作用一是引流胸液或血液，二是用作观察患者术后是否出血或漏气，如果要做到不留置胸腔引流管，就要保证患者术后没有漏气或出血。所以，一般来讲，Tubeless VATS暂时适用于手术简单、创伤较小且身体状况较好的患者。举个例子，今天我做了一个胸壁良性肿瘤的切除术，因为手术创伤小，对肺部完全没有损伤，手术时间也很短，所以当手术创面彻底止血之后就可以不留置胸管了。另外，我们科也已经用Tubeless VATS手术治疗了两例胸腺瘤合并重症肌无力的患者，这是一个很大的创新。

AME：Tubeless VATS 让患者获益更大，但同时对医生的要求也变高了，您认为在做 Tubeless VATS 手术过程中，有什么需要注意的事项？

殷伟强： 首先，Tubeless VATS手术对医生的技术水平要求较高，要求医生对自己的手术操作技巧非常有信心。

广州医科大学附属第一医院是一所集医疗、教学、科研、保健、康复、院前急救于一体的大型三级甲等医院，是广州呼吸疾病研究所、广州骨科研究所、广州泌尿外科研究所、广州医科大学中西医结合研究所所在医院，也是国家首批13个国家临床医学研究中心之一。

第二，需要有一个术后的监测方案，即医生在Tubeless VATS手术后，要有方法观察患者术后是否出现了问题，比如可以通过B超、床边胸片等方法进行检测。第三，需要保证患者的安全，因为任何新技术都必须建立在患者治疗安全的基础上。第四，需要注意团队的相互配合，做好对患者的观察和护理。

AME：本次大会发布了裸眼 3D 新技术，您认为此项技术对胸外科手术有什么帮助呢？

殷伟强： 首先，必须肯定的是，裸眼3D技术在影像技术方面是一个革命性的进展。之前的3D技术在运用时需要医生佩戴3D镜片，不仅对光线有影响，某些不习惯佩戴眼镜的医生也容易产生不适，而裸眼3D的出现让医生可以在不佩戴眼镜的情况下，也能看到立体效果较好的平面影像。

AME：您认为裸眼 3D 技术需要在哪些方面进行完善呢？

殷伟强： 裸眼3D技术有一个红外线的追踪技术，通过3D屏幕对手术医生所带的追踪器进行识别，影像显示相对清楚。3D技术的一个普遍问题就是，如果出现偏角，影像就会相对不清晰，我认为这是裸眼3D乃至整个3D行业都需要解决的问题。另外，虽然裸眼3D技术的清晰度和立体感比从前的2D技术要好，但仍然还没有获得目前3D行业中最清晰的影像效果。当然，我们还是可以看到裸眼3D技术的发展前景的，它的出现对于外科医生来说是一个惊喜。

（采访编辑：江泳施，AME Publishing Company）

AME通讯邮箱：kysj@amegroups.com
受访专家工作邮箱：yinweiqiang88@163.com
科室秘书处电话：020-83062822
科室地址及邮编：广州市沿江路151号广州医科大学附属第一医院胸外科，510120

文字访谈

曹庆东：

患者安全最重要

编者按：2015年5月16日—17日，"第一届全国腔镜气管隆突手术研讨会暨第八届中国肺癌微创治疗论坛"在广州召开。会上，中山大学附属第五医院胸外科主任曹庆东教授接受了AME出版社的采访，分享了他对单孔胸腔镜手术的看法及期待。

曹庆东，主任医师、教授，硕士研究生导师，中山大学第五附属医院胸外科主任。欧洲胸外科医师学会(ESTS)注册会员，广东省医学会胸外科学分会副主任委员。

1 万丈高楼平地起，复杂手术简单始

我们于2011年3月开始做第一台单孔胸腔镜手术，在此之前国内还没有专家提及单孔胸腔镜手术，也没有杂志作过相关的报道。当时是因为看到国外的医生在尝试，所以我们也开始尝试。一开始面对的最主要的问题是器械，因为国外使用的器械在国内并没有被批准使用，我们只能自己找厂家研发了一套手术器械。在这套独特的器械的辅助下，我们开始了自己的摸索。截至2011年9月，我们做了几十例单孔胸腔镜手术，发表了国内第一篇关于单孔胸腔镜手术的文章。随后单孔胸腔镜手术开始在会议上曝光，并引起同行的注意。2012年开始，尝试这种手术的医生逐渐增加。

2013年AME出版社旗下的杂志*Journal of Thoracic Diseaser*的编委Diego Gonzalez-Rivas报道了在单孔胸腔镜下完成肺叶切除手术，给广大尝试单孔胸腔镜手术的医生带来了信心，大家也开始了解到原来单孔胸腔镜手术也可以完成高难度、复杂的手术。在熟悉掌握了单孔胸腔镜下简单的手术后，我们自己也在不断地尝试，除了肺叶切除手术，我们还在摸索单孔腹腔镜(TUSE)技术联合单孔胸腔镜(SPVATS)技术进行食管癌根治术的临床试验。相对于传统的全腔镜手术，这样做了以后，患者的创伤更少。我们目前已经完成了4例这样的手术，患者的预后效果很不错。当然，这一技术还在不断改进，我

中山大学附属第五医院是大型三级甲等综合医院，位于珠海市美丽的香洲湾畔，情侣路旁，环山临海，环境幽静，风景秀丽。医院毗邻澳门，邻近码头及国际机场，海陆空交通十分便利。医院于2001年6月在原珠海市医疗中心的基础上建立。作为中山大学的附属医院，经过十多年的发展，在医疗、教学和科研三方面齐头并进，取得了巨大的进步。胸心外科作为医院的重点科室之一，紧跟医院的发展而不断进步。

们并没有相关经验可以借鉴，所以需要积累大量的单孔胸腔镜手术经验作为基础，才能尝试挑战更高难度的手术。

2　单孔多孔非主要，患者安全最重要

两孔或三孔的手术视野是腔镜下的视野，与传统手术的视野是不一样的。但单孔胸腔镜手术并不存在这样的问题，它的视野就跟传统手术的视野是一样的，这更加符合外科医生的习惯，能让医生觉得更轻松，从而能减少医生的疲劳感。但对于初涉单孔胸腔镜手术的医生来说，也不能过于盲目，不能一上来就尝试高难度的手术，而不考虑患者的安全问题。要知道一种技术的掌握需要循序渐进，因为一种不合适的技术而给患者增加不必要的风险，这是不可取的。手术安全应放在第一位，在手术过程中不能固执地坚持做单孔胸腔镜手术，盲目不顾患者的具体情况。即使原来准备做单孔胸腔镜手术的，只要在手术过程中有需要，还是应该改为两孔或多孔的胸腔镜手术。

我希望广大的医生们能够接受单孔胸腔镜手术，这并不是说单孔胸腔镜手术将要取代多孔胸腔镜手术，而是让单孔胸腔镜手术作为一种技术补充，给患者带来更多的福利。根据患者的不同情况，选择不同的手术。最基本的一个原则是，保证患者的安全。在不断的尝试学习中也不能忘记患者的安全。

3　路在脚下，梦在前方

单孔胸腔镜手术技术发展至今还不是十分完善，我们还不能说这是一种非常成熟的技术，目前真正掌握这种技术的医生并不是很多，主要是因为手术站位、手术器械以及各方面的协作等，给术者带来了很多的麻烦，也增加了难度。例如：对于解剖能完成，但在闭合血管、闭合气管时因角度问题比较容易

出血的单孔手术来说，风险还是挺大的。像肺叶单孔胸腔镜切除手术，最大的困难是因为角度问题引起的出血。在2015年的ASCVTS会议上，我看到了5 mm血管闭合器的介绍。如果这种血管闭合器能够广泛应用，将对单孔胸腔镜手术产生巨大的促进作用。对于手术器械，我们也在尝试研发，期待能推出一套既适合单孔胸腔镜手术，也适合多孔胸腔镜手术的器械。

今后随着手术器械的进步，医生要掌握一种技术将变得更容易。而一种技术的发展需要的不是一个两个医生的单独尝试，而是需要众多医生的尝试学习。当参与的医生越来越多时才能更容易发现一项技术的不足之处，才能找到这些不足之处的解决办法。2014年我们举办了首届中国(国际)单孔胸腔镜手术学术研讨会，主要研究单孔胸腔镜手术技术，集合大家的智慧，相互交流，相互学习。一项新的技术在发展过程中都不是一帆风顺的，但我们争取让每一项技术的进步能给患者带来帮助。

关于单孔胸腔镜手术我们还有很多需要解决的问题，总结为三个方面：一是缩短学习曲线。对于单孔胸腔镜手术仅仅依靠观看手术视频学习是完全不够的，为了避免很多不必要的弯路和失误，一些有经验的医生前辈对年轻医生进行手把手的指导是需要的。二是单孔胸腔镜手术技术相关规范的制定。只有明确了单孔胸腔镜手术技术的规范，才能让这项技术更好地得到应用。三是多中心合作，逐步规范手术适应证是单孔胸腔镜技术健康发展的保障。

(采访编辑：周丽桃，AME Publishing Company)

AME通讯邮箱：kysj@amegroups.com
受访专家工作邮箱：15013813866@163.com
科室秘书处电话：13926927879(钟先生)
科室地址及邮编：广东省珠海市香洲区梅华东路52号胸心外科，519000

矫文捷：

浅谈胸外科手术的现状与发展

编者按：在2015年5月16日举行的"第一届全国腔镜气管隆突手术学术研讨会暨第八届中国肺癌微创治疗论坛"上，青岛大学附属医院胸外科主任矫文捷教授进行了精彩的视频展播，并在会后接受了AME出版社的采访，畅谈国内外胸外科手术的现状与发展。

矫文捷，医学博士。现任青岛大学附属医院胸外科主任，主任医师，博士研究生导师。2014年于美国Cedars-Sinai Medical Center和Memorial Sloan-Kettering Cancer Center访问学习。

矫文捷教授曾于2014年到美国访学，主要在肿瘤中心学习微创的治疗，并进行了肿瘤学方面的临床研究。当问及国内外关于胸外科研究的差别时，矫教授认为国内外关于胸外科研究的差别还是比较明显的。国内的胸外科医生比较偏重于技术，而国外的医生，譬如美国的外科医生除了技术外，会更注重理念。例如，就手术的观赏性来说，国内的医生在手术中会处理得更干净，伤口出血更少，伤口的缝合更漂亮。国外的医生包括美国的医生在这方面不一定能超得过国内医生，但是他们会比较在意系统化，包括胸外科患者在治疗前、术中、术后这一系列的系统建设。在这方面，国内的医生们掌握得不太好，常常一个手术做完就了事，除非是特殊的病例，一般不会去深入调查和研究。当然，在国内会有一些大型的中心专门研究各种病例，但大部分的医生并不会养成去探究的习惯。但在国外，医生都会习惯去研究病例。他们并不十分注意手术的观赏性，因为他们更重视在各阶段对患者进行随访，更重视对患者的系统化处理，在这方面国外的医生把握得特别好。

近20年来，胸腔镜技术发展得很快，胸腔镜被引入到中国至少已经20年了，包括现在达芬奇机器人、裸眼3D胸腔镜手术这一系列的发展。矫教授认为关于胸外科手术未来的发展方向，首先是手术技术流派的多样化。虽然国内的手术流派比较多，手术方式可能会多样化，

青岛大学附属医院是一所集医疗、教学、科研、预防、保健、康复、业务技术指导为一体的省属大型综合性三级甲等医院。医院固定资产为20亿元，拥有国际一流的万元以上医学设备5 800余台(件)，年门急诊量居山东省第一位。

但是其原则和目的是相同的，那就是为了手术更加安全、高效和精确。其次，是手术的标准化，以及培训的规范化，这些未来都将会更加完善。最后，医生的舒适感会更受重视。过去的传统手术会比较注重患者伤口的大小，而现在却越来越重视医生的舒适性或者疲劳感的降低。包括现在推出的裸眼3D胸腔镜手术，实际上它除了对患者有好处，还对降低医生的疲劳感、提高医生的舒适感亦有帮助。从某种程度上来说，医生的疲劳感降低反馈到患者身上是有利的。再包括现在大分子机器人的发展，除了对患者有利，更重要的是，它能降低医生的疲劳感，并使手术更加清晰。

最后矫教授认为，关于这次论坛的最大亮点，是三个"让"的提出。第一个就是裸眼3D技术的推出"让"手术更容易；第二个是Tubeless VATS"让"患者更舒适；第三个就是"让"微创胸外科手术范围更广。矫教授表示，何健行教授团队在本次论坛中提出的这三点体现了未来微创发展的趋势，并为胸科手术的发展指引了方向。

（采访编辑：黄楚君，AME Publishing Company）

AME通讯邮箱：kysj@amegroups.com
受访专家工作邮箱：jiaowenjie@163.com
科室秘书处电话：0532-82912305
科室地址及邮编：青岛市江苏路16号，266003

文字访谈

康明强：

提高技术，造福患者

编者按：2015年5月16日—17日，"第一届全国腔镜气管隆突手术研讨会暨第八届中国肺癌微创治疗论坛"在广州召开。会上，福建医科大学附属协和医院胸外二科主任康明强教授应邀和大家分享他对微创手术及相应技术的见解。

康明强，医学博士，主任医师，博士研究生导师，福建医科大学附属协和医院胸外二科科主任、党支部书记。

1 基于患者安全标准，让微创胸外科手术范围更广

胸腔镜发展到今天在技术层面已经上升到了一定的高度，但我们业内的胸外科专家仍在不断地寻求更高的境界，思索还有哪些疑难病症能在微创手术下完成，试图让手术适应证的范围更加广泛。在会议上，我们所看到的气管隆突成形手术在开放条件下是非常有难度的一个手术，但是如今在何建行教授的带领下，我们成功地利用了先进的胸腔镜技术突破了这个手术的局限性，克服了困难，取得了很好的效果。类似的其他病例，如局部晚期肺癌、纵隔肿瘤以及食管癌，同样也能在胸腔镜下完成手术。随着各种不断发展的技术以及医疗团队的进步，相信我们能够逐渐地扩大微创手术适应证的范围。当然，我觉得有一点很重要，那就是一定要符合手术根治、安全的标准。

2 准确判断手术适应证，做最合适的手术

手术技巧对于一个外科医生来说很重要，但是我觉得更重要的是开刀前对患者病情、对手术适应证的准确判断。第一点是对患者手术适应证的判断，比如说根据患者的情况判断其适不适合开刀，有没有癌细胞的转移，我想这个作为外科医生普遍都很清楚。对于晚期癌症患者来说，一般情况下都是需要手术的，但是如何在

福建医科大学附属协和医院胸外科是福建省最早成立的普胸专业科室。现为福建省胸心外科学博士点基地暨福建省胸心外科研究所，是福建省首批医学重点学科、福建医科大学重点学科，华东地区最佳专科排行榜五强。胸外二科是一个年轻富有朝气的学科，集临床医疗、科研、教学为一体，拥有一支结构合理、学历层次高、年轻有活力的学科团队。现有主任医师3人，教授2人，副教授3人，副主任医师3人，主治医师3人，其中博士研究生导师1人，硕士研究生导师3人。博士3人，硕士8人。

微创腔镜下完成手术，能不能做好这个手术，这就涉及到了第二点，即"医生的手术适应证"，也就是指医生本身的技术水平、医院规模，以及手术团队的医疗水平能不能满足手术的需要。结合医生本身的手术适应证，那么我们就能够选择最合适的病例进行最合适的手术。

3　科学定位肺部小结节，简化微小肺癌切除术

如今，在临床上我们发现有很多的肺部结节病例，其中的相当一部分肺部结节是需要进行微创手术的。手术的难点在于，在手术当中该如何定位这些小小的结节，特别是一些直径<1 cm，质地较软的结节，这非常考验医生的智慧与技巧。早期，我们也没有特别去定位，一般是通过自己的手感触摸，大部分都可以准确判断。但还是有小部分结节经反复探查、手指触摸后才能定位，并且有时候也不能确定结节是否就在这个位置，这让我们开始寻求一种好的方法来进行科学定位。这就是我们当初使用微弹簧圈的初衷。微弹簧圈的好处包括体型小，操作简便，以及比较容易触摸。这项技术在肺部小结节定位切除手术中具有很重要的意义。现在，我们医院常规使用这种手术方法。而对于一些比较大、处于边缘位置、质地较硬的肺部结节，这种方法就不一定合适了。但是对于较小的、质地较软的结节，我们常规都会使用微弹簧定位进行手术，从而

保障我们的医药质量及医疗安全。

在这里，我想引用一句话与所有医生共勉——我们要力求科学的真，艺术的美，哲学的善，为更多的患者提供更安全、更高科技的治疗出路。

（采访编辑：高凤平，AME Publishing Company）

AME通讯邮箱：kysj@amegroups.com

受访专家工作邮箱：kangmingqiang@sina.com；ljh060@qq.com

科室秘书处电话：0591-83357896

科室地址及邮编：福州市鼓楼区新权路29号福建医科大学附属协和医院外科楼八楼九区胸外二科，350000

韩泳涛：

胸外科给我的成就感无可替代

编者按：卫生部全国肿瘤规范化诊治专家委员会专家韩泳涛教授接受了AME出版社的专访，谈规范化诊疗推广之痛、未来食管癌研究热点及其作为胸外科医生的荣誉感、使命感。

韩泳涛，四川省肿瘤医院胸外科副主任，主任医生，硕士研究生导师。现任国家卫计委全国肿瘤规范化诊治专家委员会专家、中国抗癌协会食管癌专委会常务委员、国际食管疾病协会会员兼中国区常委、全国食管癌临床研究分中心负责人、全国食管癌规范化诊治培训基地负责人、国家"十二五"支撑课题四川组组长、四川省卫生厅学术技术带头人、四川省抗癌协会食管癌专委会副主任委员。

1　规范化诊疗推广之痛：观念与临床脱节，普遍规律与特殊案例不同

AME：您是中国抗癌协会食管癌专业委员会常务委员，能否请您谈一下目前国内食管癌规范化诊疗的推广情况？

韩泳涛： 自2008年起，中国抗癌协会食管癌专业委员会一直致力于推广食管癌诊治规范化，并且卓有成效。遗憾的是，食管癌规范化诊疗的理念虽然已经被各个医疗中心广泛接受，但要想在临床实践工作中推广其关键技术，大家还是有一定顾虑的。因为，要去改变已成名医生的术式和习惯，较难，而现有的医疗环境也不允许我们对新技术进行过多探索，因为这也意味着医生将要承担更多的潜在风险。

所以说，观念上，医生接受了规范化诊疗，但其临床工作与这一观念是有所脱节的。

AME：能否请您举例说明？

韩泳涛： 比如说食管癌手术，以往左开胸是主流，但现在我们建议大家采取右开胸的方式，这个观念医生们是可以接受的，而且确实有一部分医生正在改变术式。

但是我们要知道，选择右开胸的意义是什么？这一问题的关键在于要对纵隔淋巴结和腹腔淋巴结进行规范

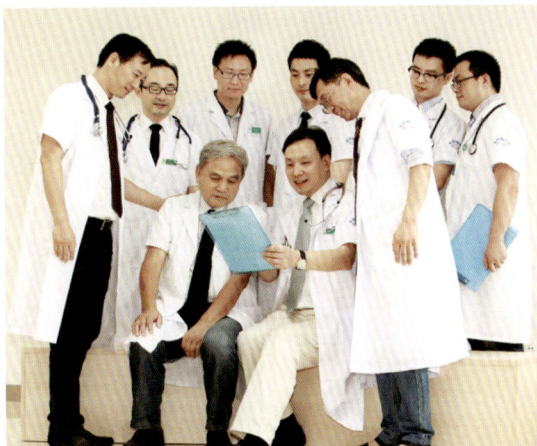

四川省肿瘤医院建成以1988年。1994年，被国家卫生部评定为"三级甲等肿瘤专科医院"。2012年经省编委批准增挂"四川省癌症防治中心"牌子。医院编制床位2050张，年门诊16万余人次，住院4万余人次，是西南地区最大的集肿瘤治疗、预防、科研、教学为一体的大型肿瘤专科医院。四川省肿瘤医院食管及纵隔肿瘤外科中心诊疗水平居全国领先水平。目前，有正高级专业技术职称者4人，硕士生导师2人，多位专家担任国家级及省级医学专业协会重要职务。每年门诊量5 000人次，每年手术约1 000台。常年承担肿瘤专业学生、研究生和进修生的教学培养工作。中心现不仅是全国食管癌临床研究分中心，而且还是全国微创食管手术培训中心。

化清扫。而现实状况是，你选择了右开胸的手术方式，不等于你对淋巴结的清扫一定是规范的。

　　这项技术是有难度的、有风险的。我们组织了线下巡讲、线上视频分享去推广这项关键技术，但是我个人认为，这个过程是比较漫长的，进度是比较缓慢的。

AME：主要阻力在哪里？

韩泳涛：其实我们最初的推广设想比较简单，当时我们正在进行腔镜食管癌手术的培训，同时就推广了右开胸的手术方式。但是这个工作开展2年后回过头来看，还是存在一些问题的。对于被培训的医生来说，这像是海市蜃楼，他们如果连右开胸的解剖结构都不了解，清扫要求都达不到，开放手术的标准是什么都不清楚，怎么去开展腔镜食管癌手术？推广时，很多医生尝试去使用该新术式，但做着做着，因为困难或并发症等问题他们又退回到原地了。

　　现在总结的经验告诉我们，要让习惯了左开胸的医生转到右开胸，我们要传授其概念和技巧，使其充分掌握开放手术的精髓，像金字塔那样，先建立一个庞大稳固的基础，再去推广腔镜食管癌手术，这样才能事半功倍。如果连开放手术都还存在基础问题，就不能急于求成。

AME：个体化治疗和规范化诊疗是否存在矛盾？

韩泳涛：这确实存在一定的矛盾。当年我们编撰《食管癌诊疗指南》时就有一个顾虑，怕患者家属拿着这本公开发行的书，跑来质问医生的临床治疗方案，和医生打官司。

AME：患者个体差异千变万化，临床治疗方案不可能完全按照指南来。

韩泳涛：对，就怕患者家属拿普遍规律来套特殊案例。另外，我们还担心如果"太规范"是否会影响新技术的开展和突破？比如说我马上要做的一例手术，食管癌患者6年前出现食管气管癌瘘，放疗后，存活6年，现在再次出现食管气管瘘，不能再进行放疗，如果我们拘泥于"规范"，这属于手术禁忌。

AME：有没有尝试过解决这些矛盾的一些措施？

韩泳涛：我们也在思考。在2015年全国食管癌年会上，赫捷院士已经提出要再版指南，要建立中国食管癌数据库。通过十二五、十三五课题，我们得到了中国人的食管癌数据，要知道，中国食管癌新发病例几乎占全世界新发病例总数的一半。然后，通过中国自己的数据，去说服中国的临床医生，我们推广的这些新技术是有数据依据的，不是在拿日本人、欧洲人的数据生搬硬套，最后我们要让规范化诊疗和个体化治疗的矛盾不再那么尖锐。

2　未来5~10年内食管癌研究的热点：分子靶向治疗路漫漫，重新思考"微创"定义

AME：您觉得在食管癌领域，接下来几年会有哪些研究热点？

韩泳涛：在基础研究方面，我可能了解得不深，但我认为较为热门的或许会是分子靶向药物治疗。但目前有一个问题，很多研究人员会拿分子靶向研究非常成功的肺癌的治疗思路去"套"食管癌。这有可能会发生"水土不服"，我觉得食管癌分子靶向治疗要走的路远比肺癌要难，这条路还很长，但这是一个以后可以重点发展的方向。

临床研究方面，一是综合治疗。到目前为止，癌症进展到第二期之后，突破口一定是在综合治疗。日本外科医生将三野淋巴结清扫做到了极致，但患者五年生存率依然不高。也就是说，术前同步放化疗或许是未来的热点，希望我们在这个领域能有所突破。二是微创外科。微创手术经过了蓬勃发展的这几年，作为中国第一批开展微创手术的医生，我们都开始回过头来思考"什么叫

微创？"最早我们写食管癌共识，给出的定义是"切口小"，实际上，切口小不代表创伤少。我曾开展过一项研究，比较小切口和大切口对创伤反应的影响，很遗憾，18项指标，得到的全是阴性结果。也就是说，在进行了类似食管癌切除+消化道重建这种大手术的患者身上，切口大小带来的创伤，相对于整个手术创伤来说是微不足道的。所以我们现在谈微创，仅仅谈切口大小是非常局限的。我们现在做手术，很注重重要器官和功能神经的保护，注重清扫的彻底性，这才是微创手术的精髓所在。

3　成为胸外科医生纯属偶然？即便在当下的医疗环境中，行医依然有成就感

AME：当初为什么选择成为胸外科医生？

韩泳涛：其实最初我是想搞肝胆外科的(笑)。当年胸外科还是个小科室，又苦又累，一台手术从上午九点到下午四点，几乎整个白天都在做手术，回家休息一会儿，吃完晚饭还得回去查房，而且周末没有休息时间。但是胸外科有个最大的特点，那就是患者病情多变，今天做手术时患者各项指征平稳，但是到了晚上查房时可能就发生了出血、呼吸系统的问题，变化快，非常具挑战性，很有成就感，比较符合外科医生的性格。我个人也是非常喜欢挑战、喜欢琢磨、喜欢探索新事物的。因为不甘寂寞，所以我不会在一个术式上纠结很久，包括出去讲课，常常都会有新的东西。很早之前，作为一个胸外科医生，我已经在切胰体尾了。我是全国少见的，可以不请肝胆外科医生帮忙，从食管手术做到胰腺手术的胸外科医生。

即便是在现在的医疗环境下，我也保留了这种外科医生的自豪感。我曾经准备给一位"活佛"做一个高难度的手术，当时有领导表示，这个手术不能做，涉及了民族宗教问题。我拒绝了领导的要求，因为我首先是一个外科医生。现在手术完成已经2年，患者最近刚复查完，还活得好好的。这就是我作为一个外科医生所追求的成就感，更是个人性格使然。

AME：如果不做医生，有想过做什么吗？

韩泳涛：不瞒你说，在2000年我曾做过3~4个月销售，业绩很好，甚至可能会被提拔为大区总监。但我还是放不下身为外科医生的那种感觉——患者的尊重，同行的肯定。救人一命胜造七级浮屠，这句话肯定是真的。

AME：还好没转行，不然我们又少了一个优秀的胸外科医生。

韩泳涛：(笑)我始终对得起我的患者。

AME：做过最难忘的手术是什么？

韩泳涛：一个19岁的小女孩，护理专业，还没毕业。巨大纵隔肿瘤，气管、心脏大血管全部受压，很多医院认为她做不了手术了。而且她的身世比较凄凉，家里还有一个弟弟，先天痴呆。所以，全家的希望都寄托在她的身上。她父亲求我给这个小女孩做手术。我们想了很多办法去救他，最后手术成功了。多年后又遇见她父亲，知道她还活得好好的，那一刻，我对自己的医生身份充满了自豪，心里很激动，因为我拯救的不仅仅是这个姑娘，而是一个家庭。

（采访编辑：李媚，AME Publishing Company）

AME通讯邮箱：kysj@amegroups.com
受访专家工作邮箱：hanyongt@aliyun.com
科室秘书处电话：时辉，18608026943
科室地址及邮编：成都市人民南路四段55号，610041

文字访谈

傅剑华：

食管癌综合治疗有待进一步推动

编者按："第四届海西胸外科论坛暨第六届福建协和胸部肿瘤微创手术新进展研讨会、中国原发性肺癌诊疗规范(2015年)全国巡讲解析"于2015年8月21日—23日在福州举办，会议上，中山大学附属肿瘤医院胸外科傅剑华教授接受了AME出版社关于胸部肿瘤微创手术新进展的专访。

傅剑华，中山大学附属肿瘤医院(中山大学肿瘤防治中心)胸外科教授，主任医师，博士生导师。擅长胸部肿瘤的诊治，尤其是对食管癌的综合治疗有深入研究，主持多个多中心合作课题，在食管癌临床诊治及基础研究方面有较高造诣。

AME：您如何看待目前国内食管癌新辅助治疗的临床应用状况？

傅剑华：关于食管癌新辅助治疗的现状，从国际上来看，属于标准治疗，然而在国内开展的情况不尽如人意。目前食管癌的新辅助治疗开展得比较多的主要有两个模式：一个是食管癌术前化疗，另一个是食管癌术前同期放化疗。针对食管鳞状细胞癌，术前化疗的循证学依据已经有了初步的结果：食管鳞癌患者术前行化疗获益不是很多，然而术前同期放化疗能使患者有更多的获益。但如今在中国，各个学科之间的协作方面存在着很多缺陷，很多医生没有相关观念，食管鳞癌术前同期放化疗在一些单位开展得不是特别好。我们曾经做了一个全国多中心临床试验，对国内食管癌新辅助治疗的发展有一定推动作用。

AME：您的5010课题目前的进展情况如何？

傅剑华：到2014年12月31日为止，我们总共入组了430例

169

中山大学附属肿瘤医院(中山大学肿瘤防治中心)是国家重点学科(肿瘤学)、国家重点实验室(华南肿瘤学国家重点实验室)、教育部重点实验室、广东省重点实验室、国家新药(抗肿瘤药物)临床试验研究中心、中国中西医结合肿瘤中心、博士学位授权点、博士后科研工作流动站,广东省抗癌协会的依托单位。中山大学附属肿瘤医院(中山大学肿瘤防治中心)胸外科是我国最早建立的胸部肿瘤外科之一,是肿瘤学国家重点学科和国家重点实验室的重要组成部分。

患者,还需要进一步的随访,我估计到2017年应该会有最终的结果。

AME:您对食管癌综合治疗前景的看法是什么?

傅剑华:我觉得要提高食管癌的治疗效果,要满足以下几个条件:首先要分期治疗,食管癌分期一定要准确,针对不同分期的食管癌患者要采取不同的方法。第二就是要早诊早治。第三是综合治疗。关于综合治疗的前景,我觉得现在单纯靠外科医生来解决食管问题,不太现实,必须要采用综合治疗的方法来提高食管癌的疗效,现在已经有了充分的证据证明食管癌的综合治疗,包括食管鳞状细胞癌术前的新辅助治疗、术后的辅助化疗,能使患者获益。第四,要延长食管癌患者的生存期,必须提高外科医生的手术技巧。我们现在比较推崇采取右开胸的方式进行食管癌手术,相对于左开胸食管癌手术来说,右开胸手术能显著提高患者的五年生存率。

AME:您对食管癌左开胸手术治疗是如何看待的?

傅剑华:食管癌左开胸治疗在我们国家曾经处于统治地位。但是从淋巴结清扫的规范化方面来考虑,右开胸手术具有较多的优势。然而有文献表明,如果患者上纵隔淋巴结没有转移,或者术前评估淋巴结没有转移,对这部分患者来说,左开胸、右开胸的疗效应该差不多,因为右开胸手术的主要优势在于上纵隔淋巴结的清扫。

AME：您对食管癌三野淋巴结清扫是如何看待的？什么情况下您会选择进行三野淋巴结清扫？

傅剑华： 食管癌三野淋巴结清扫是一个非常好的手术方式，我们现在所开展的是选择性清扫，对于食管上段癌或者术前检查评估有颈部淋巴结转移的患者，我们会选择进行三野清扫。

（采访编辑：曾台堆、林剑锋，AME Publishing Company）

AME通讯邮箱：kysj@amegroups.com
受访专家工作邮箱：fujh@sysucc.org.cn
科室秘书处电话：020-87343628
科室地址及邮编：广州市东风东路651号中山大学肿瘤防治中心胸科，510060

蔡开灿：

Tubeless VATS 成现实，患者大获益

编者按： "第一届全国全腔镜气管隆突手术学术会议暨第八届肺癌微创治疗论坛"于2015年5月16日在广州医科大学附属第一医院召开。会上，来自南方医科大学南方医院的微创胸外科专家蔡开灿教授与深圳人民医院的王正教授、深圳宝安人民医院的曹庆东教授一起主持了Tubeless VATS的热点讨论。AME出版社对蔡开灿教授就Tubeless VATS的热点问题进行了采访。

蔡开灿，博士，主任医师、教授、硕士研究生导师，南方医科大学南方医院胸外科主任，现担任中国胸外科肺癌联盟委员。

微创手术是外科手术的发展趋势，越来越多微创手术方面的新理念也被提了出来。"Tubeless VATS"这个新的理念是这次会议上的讨论重点。在本次采访中，南方医院的蔡开灿教授介绍了"Tubeless VATS"理念包括的三个方面的内容："麻醉时不用气管插管；术后不留置胸管；围术期不插尿管"。蔡教授认为这个理念带给患者的获益是颇多的，"比如VATS手术期间不留置胸管，术后患者具有疼痛轻、创伤小、下床早、住院时间短等优点。快速康复外科的理念是：能不置胸管者，尽量不置胸管；能早期拔管者，尽量早期拔管。尽管有这么多优点，但关键是看能不能这样做。"这正是这个讨论环节的重点。

为了探讨开胸或VATS术后不留置胸管的意义，蔡教授从以下三方面进一步阐述：

1 为什么要留置胸管？

(1)术后留置胸管的目的是引流术后出血、渗液及漏气，恢复胸膜腔负压，促进肺复张。

(2)便于观察术后胸膜腔的出血、渗液和漏气情况，通过引流液的性质及量来制定处理方案。

(3)手术结束翻身后麻醉医生进行正压通气膨肺，因

南方医院创建于1941年，2004年8月随第一军医大学整体移交广东省，是南方医科大学(原第一军医大学)第一附属医院、第一临床医学院，是一所集医疗、教学、科研和预防保健为一体的大型综合性三级甲等医院，全国首批百佳医院，在最新的中国最佳医院排行榜(复旦版)中排名第16位。南方医院胸心血管外科历史悠久，技术实力雄厚，经几代人数十年来不懈的努力，已发展成为人才梯队结构合理、医教研总体实力居国内先进水平的临床科室。

为各种原因有时会无法完全排净胸膜腔内的积气，术后会有一定程度的胸膜腔残气存留，这需要通过术后胸管引流。

(4)术后可能因胸膜腔内负压的存在而引起出血、渗夜或漏气，这时候也需要通过胸管引流。

2　为什么不要留置胸管?

(1)已有研究结论：

1)全胸腔镜手术治疗肺部疾病术后不置胸管对患者而言，具有疼痛轻、创伤小、下床活动早、住院时间缩短等优点；

2)单操作孔能降低术中胸壁出血、术后疼痛和感觉运动异常等并发症的发生率，加上不置胸管，术后疼痛明显减低。

(2)胸管致术后疼痛的可能原因：

1)肋间神经外侧皮支在腋前线附近发出，现胸管多由腋前线与腋中线之间置入，压迫肋间神经(由锁骨中线第二肋置入的很少疼痛，行肋间神经封闭也有助于缓解疼痛)；

2)胸管置入胸腔过长或扭曲，刺激膈肌或壁层胸膜；

3)胸管材质较硬或管径粗大；

4)心理因素，精神紧张，过度注意。

3　能不能不留置胸管?

(1)为减轻患者的痛苦，医生想到有没有可能不置胸管。蔡教授表示只要确保术后不出血及漏气，理论上胸外科手术尤其是创伤较小的VATS手术后不置胸管是可行的。

(2)对不留置胸管者术后无法直接观察胸腔内出血、渗夜和积气情况的替代措施：观察患者的呼吸频率、深浅度及呼吸音调有无异常；监测血压、心率、血氧饱和度；定期通过胸片及床旁B超动态观察胸膜腔积气、积液的情况。

(3)在实际临床工作中，对有些小型的VATS手术来说，早已实现了无胸管化，并获得了满意的效果。例如多汗症、漏斗胸NUSS手术、部分纵隔肿瘤手术等，我们常规不留置胸管，术毕充分排气就可以了。那么还有哪些手术可以不留置胸管呢？我们认为以下几种情况也可以考虑：

1)对于首次发作自发性气胸的患者，肺大泡位于肺尖部、分布较集中者；

2)肺结节患者，术前无明显不适主诉，经体检胸片或胸部CT发现，且为独立性肺小结节者；

3)纵隔、胸膜、食管等单发良性小病变。

"Tubeless VATS"技术意味着微创胸外科在快速康复方面有了新的突破，但是作为一种新的技术和理念，需要进一步做大样本的研究加以证实。蔡老师在这方面也分享了他的看法："目前来讲，不留置胸管仅仅适合一些小型的简单手术，未来我们可能会推广到一些比较复杂的手术。首先，随着VATS的很多手术器械的逐渐改进和完善，切割闭合后很少或不出现出血和漏气的情况，这就没必要留置胸管了，因为术后胸管的目的就是排气和排液。还有一种情况应该引起注意，大型手术、手术创面大或术前有过新辅助治疗的患者，术后除了漏气和出血，还会出现渗出的问题，如果估计术后有较多渗出的可能，建议要留置胸管，这样会更安全。总之，术中需慎重选择病例，切忌盲目扩大适应证、勉强为之。"

最后谈到这次会议让他印象最深刻的部分，蔡教授表示裸眼3D技术让其印象最深刻。蔡教授介绍，他所在的医院即南方医院已有三台3D胸腔镜手术设备，并已经开展了这项手术，获得了满意的效果。蔡教授又将传统的3D和裸眼3D胸腔镜技术作了比较，并指出了各自的局限性。他说："现在我们医院开展的3D胸腔镜手术还需要戴眼镜，长时间的手术会给术者和助手带来眼部疲劳和不便，如果能不戴眼镜又能达到3D的效果，那当然很好，也是一种了不起的技术创新。今天我们在会场都进行了体验，若调好合适的距离，3D效果相当好，不亚于传统的3D效果。这些成果的取得应该归功于何建行教授团队和Super D公司的共同研发和辛勤付出。但是目前裸眼3D技术也存在一些局限性：如果显示屏是26寸的话，要求术者距离显示屏1.5~2 m，若超出这个距离效果欠佳；当主刀在合适的角度时，助手在另一个角度，裸眼3D的效果不一定很好；还有显示滞后等。我觉得随着裸眼3D技术的不断成熟，这些局限性会逐渐得到解决和完善，相信裸眼3D技术会有美好的未来，这值得我们共同期待。"

另外，会议期间，由何建行、支修益主编的*Lung Cancer*中英文版的发行，给本次论坛增加了新的亮点，该书由国际上享有盛名的学者和临床医生共同完成，涵盖肺癌的基础科学到最先进的治疗手段等方面的内容，给读者(无论是学生还是专家)，提供了关于肺癌的全方位的指引。

(采访编辑：叶露娇，AME Publishing Company)

AME通讯邮箱：kysj@amegroups.com
受访专家工作邮箱：doc_cai@163.com
科室秘书处电话：02061641822
科室地址及邮编：广州市广州大道北1838号南方医科大学南方医院胸外科，510515

蔡开灿：

以南医之名，迎天下之宾

编者按：医者敏而好学，在选择参加占据时间和精力的学术会议时自然要火眼金睛。第二届"大南医"胸心外科论坛的大会主席蔡开灿主任接受了AME出版社的采访，细说了该论坛的亮点和特色。

简介见前文。

AME："大南医"胸心外科论坛与国内其他胸心外科领域会议有什么不同？

蔡开灿： 在谈不同或差异之前，我想先介绍"大南医"胸心外科论坛与同类会议的共同点。各种学术会议的出发点通常是利用某个学术平台聚集同领域的学者来进行交流、分享、合作，达到共赢的目的。"大南医"论坛除了以上共性之外，还有以下三方面独特之处。

首先，大南医胸心外科论坛诞生于南方医科大学5所直属附属医院(当然现在已经是6所，第6所也就是南方医科大学第六附属医院即深圳医院)，"大南医"命名的最初寓意是：各个附属医院是一个整体、一个利益共同体，应当在共同文化、共同价值体系的引领下，最终实现资源共享的最大化、发展目标一致性的最大化，实现共同发展，这也是校领导陈敏生书记所倡导的"大南医"理念。而现在"大南医"论坛跨出校门，邀请了更多的专家学者共同交流，我们仍然秉承着这一理念，参会的嘉宾都是和大南医直接或间接相关的胸心外科这一学科的一份子，我们希望与各界朋友互相学习、共同进步。

其次，在国内外医学专业分工日趋精细的当下，国内学术会议也越来越细化，例如胸外科年会、心外科年会，还有许多会议以某种疾病、某个专题为主旨。而"大南医"论坛仍然将胸外科和心外科的学术盛宴共同呈现、共同探讨。我们的寓意是"心胸分工不分家"，一是心外和胸外原本关系密切，二是在专业分工精细的前提下，两个亚专业之间的交流学习也是非常有必要的，我们希望通过这种学术交流形式能进一步促进这两个亚专科之间的团结、协作。

再有，"大南医"论坛并不是局限于一所高校、一个地区的学术交流，我们希望2016年有更多同道加入这场学术盛宴，这也是"大南医"论坛的另一个特点：以南医之名，迎天下之宾。我们热烈欢迎全国各地同道光临广州，也热切期待大南医6所直属、47所非直属附属医院的同仁、第一军医大学和南方医科大学的战友同窗、曾在大南医工作学习的同道们拨冗出席，以期互通有无、合作共赢。有朋自远方来，不亦乐乎！

AME：第二届与第一届相比，有哪些异同点？

蔡开灿：本届，也就是第二届"大南医"胸心外科论坛与第一届一脉相承，仍然秉承"交流、分享、合作、共赢"的宗旨，围绕胸心外科的新进展、新技术、新理念进行探讨，以专家演讲、专题报告、手术视频演示等形式为主，围绕胸心外科学术研究的最新动态，微创胸心外科的最新进展、心脏瓣膜修复、大血管外科、冠脉外科、胸部肿瘤的规范化和个体化治疗等各个方面的新进展进行广泛而深入的交流。我们希望为胸心外科临床医生提供一个良好的学习机会，及时接触到胸心外科先进的技术和理念，并帮助他们更好地开展临床工作。

在第一届成功举办的基础上，本次论坛规模更大、与会专家更多、涵盖内容更广。本届论坛不仅跨出了南方医科大学校门，也成功地走出了广东省，甚至跨出了国门，来自全国各地和德国弗莱堡的同道将齐聚广州、共同参与。我们邀请了国内外知名的胸心外科大咖分享学术心得，出席会议的专家有国内微创胸外科奠基人之一，也是广东省医学会胸外科分会主委何建行院长，广东省医师协会胸外科分会主委陈刚教授，北大肿瘤医院胸外科主任陈克能教授，中华医学会胸心外科分会常委兼秘书长、广东省心研所陈寄梅教授，德国弗莱堡大学心脏中心Dr. Li等。分享的内容包括机器人胸外科手术、自主呼吸麻醉下的胸外科手术、单孔胸腔镜技术、全腔镜下袖状切除手术演示等热点问题，在分享胸心外科领域学术内容的同时，设置了麻醉、重症监护、专科护理等交流环节。值得一提的是，目前临床上对食管癌的诊治还存在一些争议，于是我们在会议现场特别针对这些争议设置了一个讨论投票环节，希望在互动中发现问题、在讨论中明确争议。同时，我们努力为从事胸心外科的青年才俊搭建锻炼和展示的舞台，希望青年医生也能够在"大南医"论坛上各抒己见、一展风采。我们期待各界朋友欢聚一堂，共话新篇！

（采访编辑：陈媛玲，AME Publishing Company）

AME通讯邮箱：kysj@amegroups.com

受访专家工作邮箱：doc_cai@163.com

科室秘书处电话：02061641822

科室地址及邮编：广州市广州大道北1838号南方医科大学南方医院胸外科，510515

蔡开灿：

话食管癌诊疗争议，聊医路心得

编者按："以南医之名，迎天下之宾"，2016年4月23日，第二届"大南医"胸心外科论坛在南方医科大学顺利召开。会议期间，或许你会发现有一个忙碌的身影穿梭在各个会场之间，他就是本次论坛的发起者和组织者之一——南方医科大学南方医院胸心外科主任蔡开灿教授。作为会议主席，他会如何诠释会议理念"大南医"的？作为一名拥有多年食管癌诊疗经验的临床医生，他认为食管癌诊疗普遍存在哪些争议与误区？他的医学之路会有哪些有趣的故事？AME出版社对蔡教授的采访将为你揭开这一层层面纱。

简介见前文。

　　蔡教授是精通普胸外科常见病、疑难病、危重病诊断和治疗的专家，他在这方面坚持做了很多事情，功成不居，虚怀若谷，采访中更勉励年轻医者"勤奋、庄严、虚心、积极"。

　　他谈及食管癌治疗存在的争议时一再强调态度，小编深深了解到，想要成为一名高明的医生，你不仅会拥有凌晨四点仍在工作的体验，更需要的是一种追求"精准"和"卓越"的态度。或许这就是蔡教授的人生信条之一。

采访问题

1. 您对"大南医"理念是如何理解的？
2. 食管癌诊疗的争议有哪些？普遍性如何？
3. 年轻医生应该如何学习食管癌的规范化诊疗？
4. 分享一下您成为心胸外科主任的心路历程。

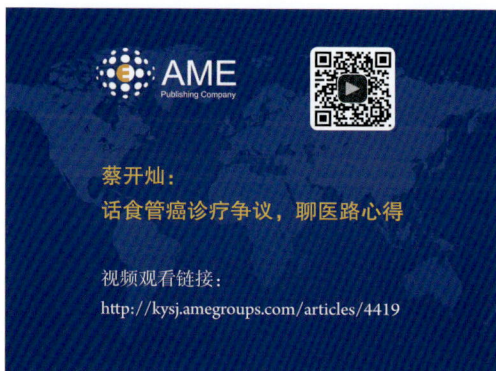

蔡开灿：
话食管癌诊疗争议，聊医路心得

视频观看链接：
http://kysj.amegroups.com/articles/4419

（采访编辑：黄晓曼，AME Publishing Company）

AME通讯邮箱：kysj@amegroups.com
受访专家工作邮箱：doc_cai@163.com
科室秘书处电话：02061641822
科室地址及邮编：广州市广州大道北1838号南方医科大学南方医院胸外科，510515

谭黎杰：

单孔胸腔镜的前景是美好的

编者按：2015年12月12日下午，AME出版社于深圳大中华希尔顿酒店召开了《单孔胸腔镜手术》编委会。《单孔胸腔镜手术》主编谭黎杰教授、Alan Sihoe教授，副主编乔贵宾教授、陈椿教授等编委及年轻医生出席了本次编委会。会后，主编谭黎杰教授接受了AME出版社的采访。采访中，谭教授由单孔胸腔镜的发展讲起，分析了单孔胸腔镜的前景，并与大家分享了一些他自己的小故事。

采访问题

1. 单孔胸腔镜是一种发展趋势吗？前景如何？
2. 对于单孔胸腔镜的发展来说，目前的困境是什么？
3. 您印象中最为深刻的一个手术或者案例？
4. 为什么选择当一名外科医生？

谭黎杰，主任医师，外科学博士，博士研究生导师，复旦大学附属中山医院胸外科副主任，食管外科主任，上海市呼吸病研究所细胞与分子生物学研究室副主任。中国抗癌协会食管癌专业委员会委员、中国医师协会胸外科分会食管外科专家委员会委员、中国医师协会内镜医师分会理事。

AME
Publishing Company

谭黎杰：
单孔胸腔镜的前景是美好的

视频观看链接：
http://kysj.amegroups.com/articles/4057

（采访编辑：唐雪琴，AME Publishing Company）

复旦大学附属中山医院是卫生部部属综合性教学医院。中山医院创建于1936年，是当时中国人管理的第一所大型综合性医院，隶属于国立上海医学院，为纪念中国民主革命的先驱孙中山先生而命名为孙中山纪念医院，后更名为中山医院。解放后曾称上海第一医学院附属中山医院和上海医科大学附属中山医院，2001年用现名。复旦大学附属中山医院胸外科，是卫生部国家临床重点专科，上海市重点学科，上海市胸心外科临床质量控制中心，全国胸外科临床药理基地。

AME通讯邮箱：kysj@amegroups.com

受访专家工作邮箱：tan.lijie@zs-hospital.sh.cn

科室秘书处电话：021-64041990-2018

科室地址及邮编：上海市徐汇区枫林路180号复旦大学附属中山医院胸外科，200032

熊飞:

胸腔镜气管隆突高难度手术是亮点也是挑战

编者按:"第一届全国全腔镜气管隆突手术学术会议暨第八届肺癌微创治疗论坛"于2015年5月16日在广州医科大学附属第一医院召开。会议内容囊括Tubeless VATS、胸外日间手术直播、高难度全腔镜气管隆突切除重建手术等热点,吸引了众多国际专家。而在会议上进行视频展播的熊飞教授,也在会议间隙接受了AME出版社的采访,分享其对会议内容的观感。

熊飞,主任医师,现任湖北省肿瘤医院胸外科主任,肺癌外科首席专家。中国医疗保健国际交流促进会胸部肿瘤分会委员、中国肺癌协作组西南协作组委员。从事胸外科工作30余年,对胸部肿瘤的诊断治疗有丰富的经验,特别擅长胸部疾病的微创外科治疗。

对于常规的腔镜手术,通常是进行肺叶、肺段的切除。但在本次会议中,胸腔镜气管隆突高难度手术视频的展播,重点突出在"高难度"这三个字,这是因为不仅需要切除,还要进行重建,包括气管、支气管、隆突、血管等各方面的重建,而这也正是胸腔镜外科中的难题。因此,青年医生在进行手术方面的学习时,最初应该从肺叶切除等基本手术开始,进而逐步向高难度的手术进军。因为尽管现在我们已经发展到单孔胸腔镜手术时期,但有许多方面仍在摸索,例如单孔操作术中一旦发生出血问题,则很难处理。而传统的三孔腔镜手术目前仍是主流,故需要在手术技术比较熟练且能够保证安全的前提下,去推进对病患创伤更小的手术技术的发展。

胸腔镜外科手术一直在不断地改进和提高,从早期的三孔模式逐渐发展为两孔胸腔镜手术,近年来发展到单孔胸腔镜时期。在此不断发展的过程中,有许多突出的经验是值得我们学习的:首先,必须要有很好的开放手术基础,只有夯实了这个基础,我们才能在此基础上进行更深入的手术技术研究。其次,团队合作也颇为重要,需要有一个相对固定的团队长期配合,才能在手术过程中更为默契。除此之外,我们需要琢磨每次手术,

湖北省肿瘤医院(湖北省癌症中心)、武汉大学肿瘤临床学院创建于1973年，是湖北省卫生计生委直属的集医疗、科研、教学、预防于一体的大型三级甲等肿瘤专科医院，是湖北省肿瘤医学质量控制中心、国家药物临床试验基地、武汉大学研究生培养基地、博士后流动站、湖北省、武汉市医保定点医院、新型农村合作医疗定点医院、商业保险定点医院。胸外科是该院重点科室之一，科室人员年龄结构合理，技术力量雄厚。在肺癌、食管癌、贲门癌、气管肿瘤、纵隔肿瘤等疾病的诊疗方面，处于湖北省内领先地位。微创外科近几年飞速发展，胸腔镜肺叶切除、胸腹腔镜联合食管癌切除、纵隔肿瘤切除等微创手术已广泛开展，特别是胸腔镜肺叶切除、支气管成形，达国内先进水平。

对于手术过程中较好的方法进行总结，如腔镜下重建技术中一根线的连续缝合，具有操作简单、缝线之间的张力相同、缝合速度较间断缝合更快等优点。只有不断总结这些较好的手术方法，才能有更多的进步。

（采访编辑：高明珍，AME Publishing Company）

AME通讯邮箱：kysj@amegroups.com

受访专家工作邮箱：xiongf66@sohu.com

科室秘书处电话：027-87670424

科室地址及邮编：湖北省武汉市洪山区卓刀泉南路116号湖北省肿瘤医院，430079

第三部分

国际视野：一花看世界

视频访谈

Adrian Ooi：

心态与耐心的重要性

编者按：2015年12月4日—5日，"第二届亚洲胸腔镜外科教育课程国际会议(the 2nd International Conference of Asia Thoracoscopic Surgery Education Program)"在韩国首尔国立大学医院成功举办。会议云集国际胸腔镜领域内知名专家，共同聚焦微创外科技术前沿进展进行分享交流。会上，来自新加坡国立心脏中心(National Heart Centre)并担任新加坡胸外科协会(Singapore Thoracic Society)主席的Dr. Adrian Seng Wae Ooi接受了AME出版社的采访。

Adrian Seng Wae Ooi, FRCS(C/Th) CCT(UK), is the Consultant CTS Surgeon in the National Heart Centre, Singapore. Being president of Singapore Thoracic Society since 2013, Dr. Ooi is an expert on Uniportal VATS and Robotic Lung Surgery.

采访中，Dr. Ooi除了向我们介绍了新加坡开展单孔胸腔镜手术的看法及展望外，也与我们共享了心态和耐心对于单孔胸腔镜手术的重要性。Dr. Ooi认为一切皆有可能，相信自己的能力才有可能成功地进行单孔手术，同时，对待单孔操作也要有一定的耐心。

谈及在繁忙的外科工作应该如何平衡生活与工作的关系时，Dr. Ooi甜蜜地回答到："because I married the right person"，因此，他能在医院中开心地做自己想做的工作，而回到家后则有善解人意的夫人照料。基于此，Dr. Ooi也常常对学生说，如果希望好好地追求外科工作，那么娶一个对的人很重要。

采访问题

1. We know that you're an expert on the Uniportal VATS. Would you like to share with us the current development of VATS in Singapore and what's your expectation on its future development?

2. What would be your focus when training young surgeons about Uniportal VATS?

3. Being a surgeon means to dedicate most of your time to patients and research. Also, we know that you're the president of Singapore Thoracic Society. Would you like to share with us how to balance your personal life and your work?

4. What do you like about surgery?

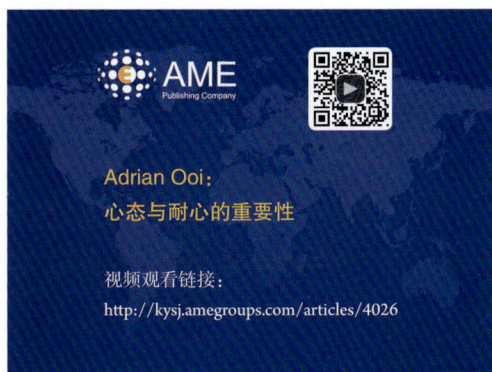

（采访编辑：高凤平，AME Publishing Company）

视频访谈

Alan D.L Sihoe：

glasses–free 3D VATS, one hindrance gone？

编者按：在广东首次胸部外科会议中，Prof. Sihoe在会议手术直播环节进入手术室观摩了何建行院长团队开展的全球首例裸眼3D胸腔镜肺叶切除。在采访中，Prof. Sihoe与大家分享了他对裸眼3D技术的一些看法，称其解决了外科医生胸腔镜手术的一大障碍。同时，Prof. Sihoe也对该技术的局限性及其推广面临的问题谈了自己的看法。最后AME出版社的编辑邀请Prof. Sihoe与大家分享他在医学论写作方面的经验以及一些技巧，希望能在论文写作方面对大家有所帮助。

Alan D.L Sihoe，香港大学深圳医院胸外科主任，香港大学李嘉诚医学院教授。Prof. Alan Sihoe专注微创胸部手术，尤其擅长单孔以及针形胸部手术。他是欧洲胸外科医师协会(ESTS)唯一的亚洲委员，并积极参与亚洲欧洲以及北美的外科培训项目，分享他的手术经验。Prof.Sihoe同时也是一位高产的作者，有着丰富的英文期刊发表经验。

采访问题

1. Thank you for your attending this meeting. It is the first thoracic surgery conference in Guangdong province so it is actually quite an event. What do you see from it?

2. You have just witnessed in the operating theater the first glasses-free 3D VATS ever operated by Dr. Jianxing He's group. What have you found?

3. What do you think would be the limits of 3D monitors to be widely utilized in most of the centers?

4. Could you share with us your experience in medical writing?

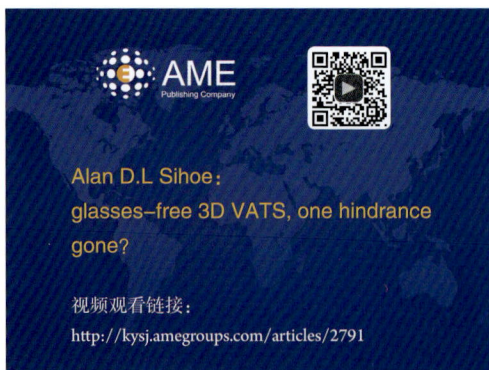

Alan D.L Sihoe：
glasses–free 3D VATS, one hindrance gone?

视频观看链接：
http://kysj.amegroups.com/articles/2791

（采访编辑：钟清华，AME Publishing Company）

Antonio Martin-Ucar：

能做自己热爱的事是很幸运的

编者按： "第二届剑桥国际胸外微创手术研讨会(The 2nd Cambridge International VATS Symposium)" 于2015年10月16日—17日在英国剑桥马丁利礼堂成功举办。会上，来自英国 University Hospitals Nottingham NHS Trust 的 Dr. Antonio Martin-Ucar 受邀就 "Uniportal approach: lowerer lobes" 一题，结合多个手术视频实例，分享他们医院关于肺下叶单孔胸腔镜手术的技巧和经验，获得参会人员的一致好评。之前，AME出版社的编辑和Dr. Martin-Ucar一直保持着邮件联系，这次借会议机会，很有幸能请他到展位一叙，并对他进行了专访。

Dr. Antonio E. Martin-Ucar is a Consultant, Thoracic Surgeon in Department of Thoracic Surgery, University Hospitals Nottingham NHS Trust, Nottingham, UK.

此前微信公众号"AME科研时间"推送了一篇题为"ACS 2015|独一无二的外科医生"的文章，展示了2015年ACS大会上，会议方设置的"What do you LOVE about surgery"留言板上收到的各种有趣留言，受到了读者的青睐。这次的会议采访，也增加了这个问题，一起来听听，"What do you love about surgery？"

189

采访问题

1. Could you first briefly introduce yourself to our audience, including your research interests?

2. Today you gave a constructive presentation on the topic "Uniportal approach: lowerer lobes", would you like to summarize your main points to us?

3. In your clinical practice, what are your normal approaches in uniportal VATS?

4. And would you like to share some tips dealing with vessels/lymph gland in uniportal VATS?

5. Have you ever tried the approach below the xiphoid in clinical practice?

6. So what's the indication in this approach (below the xiphoid)?

7. What do you love about surgery?

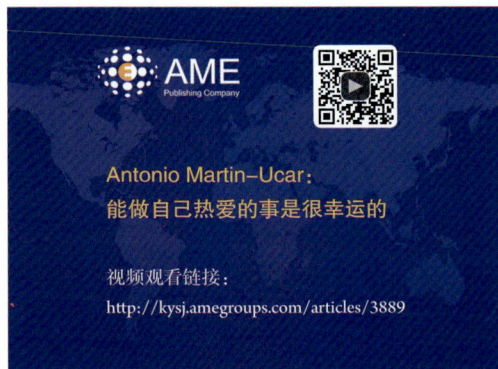

Antonio Martin-Ucar：
能做自己热爱的事是很幸运的

视频观看链接：
http://kysj.amegroups.com/articles/3889

（采访编辑：钟珊珊，AME Publishing Company）

Bernard Park：

Love the technical aspect of surgery

编者按： 2015年12月4日—5日，"第二届亚洲胸腔镜外科教育课程国际会议(the 2nd International Conference of Asia Thoracoscopic Surgery Education Program)"在韩国首尔国立大学医院成功举办。会议云集国际胸腔镜领域内知名专家，共同聚焦微创外科技术前沿进展进行分享交流。会上，作为机器人手术先锋，美国Memorial Sloan-Kettering Cancer Center的Dr. Bernard Park以自身多年经验就"机器人微创胸外手术"进行了精彩演讲。此次，AME出版社有幸邀请到Dr. Park与我们分享其对机器人手术培训的看法及其在医生如何提升自身能力方面的体会。

Bernard Park, Deputy Chief of Clinical Affairs of the Thoracic Surgery Service at Memorial Sloan Kettering Cancer Center, is one of the world's leaders in robotic video-assisted thoracic surgery (VATS) lobectomy, a minimally invasive lung surgery which can decrease recovery time.

对于机器人在胸外手术中的应用，Dr. Park表示，首先应懂得如何做一位好医生，然后，是对机器人手术的优缺点有充足了解，同时熟悉机器人系统操作，以合理判断机器人手术的适用情况，为患者提供最安全的选择。此外，Dr. Park分享了外科医生日常自我学习和提升的相关经验——时常阅读文献，向其他医生学习，参与学术会议交流分享，同时留意科技公司的产品情况。

最后，被问及为何如此热衷外科时，Dr. Park认为，technical aspect技术是外科的一大魅力，通过手术快速地治愈患者的过程以及其中的技术挑战是他不断前进的重要动力。

采访问题

1. We know that tomorrow you will talk about the "Robotic-assisted Minimally Invasive Thoracic Surgery". Would you like to preview the speech with us? What message would you like to deliver through this speech?

2. We know that you are working on the standard for the training in the field of robotic thoracic surgery. In your opinion, what do you think should be the standard of training in the field of robotic-assisted thoracic surgery?

3. When training your students, what will be your focus, like skills, knowledge, technology, attitude or any other aspects?

4. Speaking of training, the purpose of training is to improve oneself. We know that the thoracic world is always progressing and we believe, as a surgeon, you'll also update yourself every day. Would you like to share with us what'll you learn or what'll be your way in your spare time to improve yourself to keep pace with this developing world?

5. You are currently a thoracic surgeon. What'll you do if you're not a surgeon?

6. What do you love about surgery?

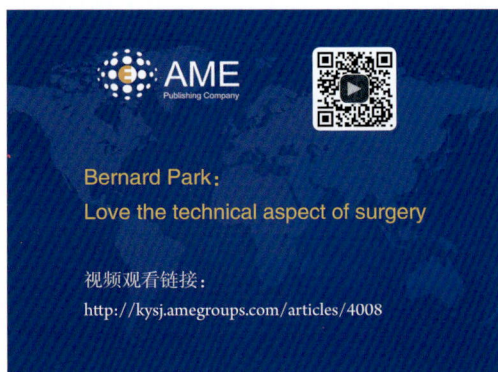

AME Publishing Company

Bernard Park：
Love the technical aspect of surgery

视频观看链接：
http://kysj.amegroups.com/articles/4008

（采访编辑：高凤平，AME Publishing Company）

Brian Louie：

Like the technical aspect of being a surgeon

编者按："第六届国际胸腺肿瘤协会年会(ITMIG 2015)"于2015年10月23日—25日在中国上海环球富豪东亚酒店成功举办。许多世界胸腺肿瘤领域著名的研究学者和临床专家参加了本次大会，报告了胸腺及其他纵隔肿瘤最新的基础和临床研究进展。来自美国Swedish Medical Center的胸外科专家Dr. Brian Louie在会议上就"Subtotal vs total thymectomy"一题作了精彩报告。会后，AME出版社的编辑荣幸地邀请到了Dr. Louie接受我们的专访。采访中他表示"Subtotal vs total thymectomy"这项研究的目的是探讨部分胸腺切除在胸腺肿瘤中的治疗价值。Dr. Louie擅长微创手术，当被问及为什么选择当一名外科医生时，Dr. Louie回答说，因为他的家人都是内科医生，他想要当不一样的医生。

Dr. Brian Louie is currently a thoracic surgeon at Swedish Medical Center, USA, as well as the Director of Thoracic Research and Education and Co-Director of the Minimally Invasive Thoracic Surgery Program in the Division of Thoracic Surgery at Swedish Medical Center and Cancer Institute.

采访问题

1. Dr. Louie, thank you for accepting our invitation. Would you kindly introduce yourself to our audience?

2. In your presentation in the ITMIG 2015, you talk about your research "Subtotal vs total thymectomy", would you share with us the purpose of the research?

3. We know that you are expertise in the Robot-assisted surgery. What are the key points in performing a successful Robotic surgery?

4. You are currently the co-director of the Minimally Invasive Thoracic Surgery Program at Swedish Medical Center. Would you introduce more about the program?

5. The developments of new technologies may help in improving patient outcome. What challenges a surgeon may face in using these new technologies?

6. Do you have any plan for any new research?

7. What inspired you to become a surgeon?

Brian Louie：
Like the technical aspect of being a
surgeon

视频观看链接：
http://kysj.amegroups.com/articles/3777

（采访编辑：叶露娇，AME Publishing Company）

Christopher Cao：

VATS 国际多中心合作项目

编者按： Dr. Christopher Cao是《心胸外科年鉴》杂志的section chief，负责Systematic Review部分，在发表systematic review/meta-analysis方面有着丰富的经验。在这次广东胸部外科会议中，Dr. Cao对会议发布的裸眼3D(3D monitor)技术的创新和Tubeless VATS技术的经验分享印象尤为深刻。采访中，Dr. Cao分享了他在撰写systematic review/meta-analysis方面的经验心得，如恰当命题的提出、回答临床的具体问题等。最后Dr. Cao着重为我们介绍了一个国际多中心数据库VATS Project，并分享了多中心合作项目的心得。

采访问题

Christopher Cao, The Collaborative Research Group, Macquarie University, Australia.

1. What is your impression towards the meeting so far? What do you think is the most practical section of it?

2. As the section chief of Annals of Cardiothoracic Surgery on Systematic Review and Meta-analysis, could you share with us your experience in publishing systematic review and meta-analysis? What should be the focus?

3. Could you give a brief introduction to your presentation you are going to give this afternoon on the VATS project?

AME
Publishing Company

Christopher Cao：
VATS国际多中心合作项目

视频观看链接：
http://kysj.amegroups.com/articles/2785

（采访编辑：钟清华，AME Publishing Company）

视频访谈

David R. Jones：
愿意承受质疑

编者按："AATS Focus on Thoracic Surgery: Lung and Esophageal Cancer 2016"于2016年3月19日—20日在上海完美落幕。本次会议，胸外科名家云集，内容紧凑充实。会中，AME出版社的编辑很荣幸能邀请到来自Memorial Sloan-Kattering Cancer Center(美国史隆凯特琳癌症研究中心)胸外科主任教授David R. Jones接受采访。Jones教授讲述了他作为医生最大的成就感是什么；分享了他眼中优秀的外科医生团队是什么样的；谈及作为最早尝试微创手术的医生之一，他是如何面对"创新"的风险和质疑；对于目前和未来胸外科的一些新技术，他的观点如何？希望对诸位有所启发。

David R. Jones，教授，Memorial Sloan-Kattering Cancer Center(美国史隆凯特琳癌症研究中心)胸外科主任，胸部肿瘤多学科组外科组长。Jones教授是全美最早开展胸腔镜手术的医生之一，致力于改善胸部肿瘤患者的治疗效果及预后，并在肿瘤的个体化治疗领域有自己的独到见解。

采访问题

1. What gave you your greatest sense of satisfaction in your career as a surgeon?

2. What do you think makes a great team of surgeons based on your experience in MSKCC?

3. Would you like to give some comments/suggestions on the young residents to pass their exams on the way to be a successful surgeon?

4. Did you feel that you were taking a risk or facing some skeptics as one of the first thoracic surgeons in the US to develop minimally invasive/VATS approaches?

5. Do you have faith in some new technology in the diagnosis or surgery options of Cancers, like the liquid biopsy?

6. From open surgery to VATS surgery and Robotic Surgery, is it possible that the young generation of surgeons become too dependent on technology?

7. AlphaGo beating the Go player Lee Sedol has raised great attention to artificial intelligence (AI). Do you think that AI would replace the surgeons to do the surgery in one day?

196

David R. Jones：
愿意承受质疑

视频观看链接：
http://kysj.amegroups.com/articles/4317

(采访编辑：陆小雁，AME Publishing Company)

David Sugarbaker：

人工智能很强，却很难替代人类给予患者希望

编者按： "AATS Focus on Thoracic Surgery: Lung and Esophageal Cancer 2016" 于2016年3月19日—20日在上海完美落幕。AME出版社携旗下JTD、ACS、ATM等相关杂志参会并全程报道了该会议的精彩内容。会上，AME出版社有幸邀请到大会主席之一David Sugarbaker教授接受专访，分享他在大会上的精彩报告，并邀请他就人工智能、年轻医师培养等几个热点问题谈谈自己的独到见解。来自美国休斯敦Baylor College of Medicine的Sugarbaker教授，是2013—2014年度AATS主席，也是AME出版社旗下*Annals of Translational Medicine*杂志的作者。

Prof. David Sugarbaker is a world-renowned doctor and certified thoracic surgeon widely credited for developing the first tri-modal treatment approach for malignant pleural mesothelioma.

Sugarbaker教授是世界上胸膜间皮瘤诊疗的权威学者，是胸膜间皮瘤的多学科综合(tri-modal)治疗方法(手术、放疗、化疗)的主要开拓者和倡导者。关于胸膜间皮瘤的诊疗，Sugarbaker教授于近日撰写了一篇题为"Perspective on malignant pleural mesothelioma diagnosis and treatment"，于2016年3月底发表在AME出版社旗下的*Annals of Translational Medicine*杂志。

参会之前，听闻Sugarbaker教授是国际学术交流和传播积极推动者。的确，他在会议过程中全程不离席，与讲者以及观众的积极互动，采访过程中也与我们进行了友好的畅谈。Sugarbaker教授在演讲中所展现出的渊博的学识、犀利的语言、洪亮的声音，连同他那魁梧伟岸的身影都令人印象深刻。

采访问题

1. There was a lunch symposium discussing the differences of education of young thoracic surgeons between North America, China and Europe. How do you see the differences? How do you think to better educate them?

2. You may have heard that recently the computer AlphaGo won in a Go-chess showdown against the world's top player. Some people say artificial intelligence may replace many roles of human in the future, including surgeons. How do you think?

3. As one of the co-director of the meeting, would you like to share some highlights with our readers?

4. Are there any plans/projects with AATS in near future to share with us?

(采访编辑：钟珊珊，AME Publishing Company)

Diego Gonzales–Rivas：
单孔 VATS 技术日趋重要

编者按：2015年12月7日，首届Tubeless VATS国际学习班(First International Course on Tubeless and Advanced VATS Lobectomy Techniques)在四季如春的"羊城"广州举行。AME出版社在会上采访到了本次Tubeless VATS国际学习班的负责人之一，来自Coruna University Hospital的Diego Gonzales–Rivas教授。Diego Gonzales–Rivas教授在采访中为我们分享了本次会议的亮点，并认为本次会议所呈现的手术技术将是不容错过的环节。谈及近8年来VATS叶切除术的进展和单孔VATS叶切除术的未来前景，Gonzales–Rivas教授亦突出表明了手术技术的重要性，并表示未来也会向大家分享更多关于单孔VATS的研究。最后，谈及成为胸外科医生的原因，Gonzales–Rivas教授幽默地道出了对胸外科的着迷、对医学机理的热爱。

Dr. Diego Gonzalez-Rivas is the creator of minimally invasive thoracic surgery Unit working at Coruña hospital, Quiron Hospital, San Rafael and Modelo medical center.

采访问题

1. As the course director of this International Course on Tubeless and Advanced VATS Lobectomy Techniques, what do you think would be the most interesting session in this course?

2. Could you briefly introduce the advances of VATS lobectomy over the past 8 years?

3. Any insights of future development into uniportal VATS lobectomies?

4. You have organized a focused issue "Uniportal VATS" (V6, S6) for JTD. Do you have any future follow-ups on this issue?

5. What drives you to be a thoracic surgeon?

Diego Gonzales-Rivas：
单孔VATS技术日趋重要

视频观看链接：
http://kysj.amegroups.com/articles/3994

(采访编辑：高明珍，AME Publishing Company)

Enrico Ruffini：

胸腺瘤研究新进展——基于国际数据库的协作

编者按： "第六届国际胸腺肿瘤协会年会(ITMIG 2015)"于2015年10月25日在上海落下帷幕。为期2天的会议云集了国内外胸外科大咖。此次ITMIG年会是有史以来参会的会员最多、规模最大、评价最高的一次。

Enrico Ruffini, MD currently works at University of Torino, Department of Thoracic Surgery, 3 Via Genova, Torino, Italy. He is the Director of ESTS 2015 annual conference and the former secretary of ITMIG.

会上，ESTS协会2015年年会Director、ITMIG协会前任秘书、意大利托里诺大学的Enrico Ruffini教授基于ITMIG和ESTS数据库介绍了胸腺瘤近期的研究进展。会后，Ruffini教授接受了AME出版社的采访，就上述话题作了进一步的分享。

采访问题

1. Would you like to share with us the overview of thymic carcinoma based on the ITMIG and ESTS database？
2. What remains to be issues in thymic surgery and what is your opinion?

Enrico Ruffini：
胸腺瘤研究新进展——基于国际数据库的协作

视频观看链接：
http://kysj.amegroups.com/articles/3930

（采访编辑：黎少灵，AME Publishing Company）

Eric Lim：

外科能使患者更好地获益

编者按： "第二届剑桥国际胸外微创手术研讨会(The 2nd Cambridge International VATS Symposium)" 于2015年10月16日—17日在英国剑桥马丁利礼堂旅舍成功举办。本次会议上，来自Royal Brompton Hospital的Dr. Eric Lim就 "VATS vs SART/RFA" 一题进行了精彩演讲。Dr. Lim也是AME出版社旗下*Journal of Thoracic Disease*等期刊的作者，借此会议之际，他在AME出版社的展位接受了专访。

Mr Eric Lim is a Consultant Thoracic Surgeon at the Royal Brompton Hospital and a Reader in Thoracic Surgery at the National Heart and Lung Institute of Imperial College London.

采访问题

1. Could you first briefly introduce yourself to our audience, including your research interests?
2. Today you gave an impressive presentation in an interactive session "VATS vs SART/RFA". Would you like to summarize your main points, your arguments to us?
3. What shall we expect/learn from this presentation?
4. How do you see the single port VATS?
5. What are your normal approaches in uniportal VATS?
6. Any stories to share with us in your clinical practice?
7. What do you love about surgery?

Eric Lim：
外科能使患者更好地获益

视频观看链接：
http://kysj.amegroups.com/articles/3909

（采访编辑：钟珊珊，AME Publishing Company）

视频访谈

Frank Detterbeck：

罕见疾病研究更需关注亚组群体

编者按："第六届国际胸腺肿瘤协会年会(ITMIG 2015)"于2015年10月25日在上海落下帷幕。为期2天的会议云集了国内外胸外科大咖。此次ITMIG年会是有史以来参会的会员最多、规模最大、评价最高的一次。

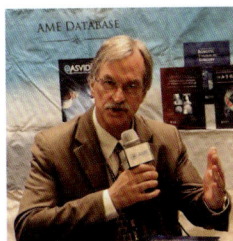

会后，ITMIG前任主席、ITMIG现任委员会成员、耶鲁大学医院的Frank Detterbeck教授接受了AME出版社的采访，分享了其关于胸腺瘤的研究以及胸腺手术的进展。

Frank Detterbeck, MD, FACS, FCCP is a Professor of Surgery and Chief of Thoracic Surgery at Yale University and Associate Director of the Yale Cancer Center.

采访问题

1. What is the take home message from your Innovative Lecture on Outlier Analysis?
2. What do you think of the efficacy of subtotal and total thymectomy?
3. How is the updated IASLC (proposal) and WHO tumor classification going to influence the upcoming study of thymic surgery?
4. In terms of thymic surgery, which is your preferred procedure: open, VATS or robotic surgery?
5. How would you comment on the recent development of thymic surgery in China?

Frank Detterbeck：
罕见疾病研究更需关注亚组群体

视频观看链接：
http://kysj.amegroups.com/articles/3926

（采访编辑：黎少灵，AME Publishing Company）

Gonzalo Varela：

Be a doctor first and then a surgeon

编者按：　"第三届深圳胸外科国际论坛暨《中国原发性肺癌诊疗规范》全国巡讲——深圳站"于2015年8月22日在深圳市第三人民医院召开。会议特邀嘉宾，西班牙萨拉曼卡大学医院胸外科主任、2016年ESTS年会主席Gonzalo Varela教授在会议间隙接受了AME出版社的采访，分享了他对胸外科医生培养的看法。

Gonzalo Varela，西班牙萨拉曼卡大学医院胸外科主任，萨拉曼卡大学医学院胸外科教授，2016年欧洲胸科医师学会 ESTS 年会主席。Varela 教授有着丰富的胸外科手术经验，在胸外科手术实践中，他尤为关注手术质量与患者安全。

采访问题

1. What kind of skills do you think a surgeon should possess so that to do a perfect surgery even without the advanced technology?
2. How to balance the relationship between patients safety and technology?
3. What kind of mistake you think could be advoided during the surgery for the patients?
4. You're quite an excellent expert in the thoracic field. So we're quite interestd in your early experience as a thoracic surgeon. Would you like to share with us some interesting or unforgetable experience as a thoracic surgeon?

Gonzalo Varela：
Be a doctor first and then a surgeon

视频观看链接：
http://kysj.amegroups.com/articles/3324

（采访编辑：高凤平，AME Publishing Company）

Henrik Jessen Hansen：

心胸外科的魅力在于充满挑战

编者按："第二届剑桥国际胸外微创手术研讨会(The 2nd Cambridge International VATS Symposium)"于2015年10月16日—17日在英国剑桥马丁利礼堂旅舍成功举办。本次会议上，来自University of Copenhagen的Dr. Henrik Jessen Hansen就"肺段切除"一题进行了精彩演讲，并在会议第二天连线会议现场，成功完成了手术直播演示。Dr. Hansen是AME出版社旗下*Journal of Thoracic Disease*等期刊的编委，借此会议之际，他在AME出版社的展位接受了专访。

Dr. Henrik Jessen Hansen is a Consultant Thoracic Surgeon and Head of the Minimal Invasive thoracic program) at the Department of Cardiothoracic Surgery, Rigshospitalet, University of Copenhagen.

采访问题

1. Would you like give a brief self-introduction to our audience, including your research interests?
2. Yesterday you gave a very impressive presentation on "Segmentectomy", would you like to share with us your main points?
3. Today you also had a live surgery. Would you like to introduce the case to us? And how was the surgery going?
4. What about the main difficulties in the surgery? Any tips you like to share with us?
5. What do you love about surgery?

Henrik Jessen Hansen：
心胸外科的魅力在于充满挑战

视频观看链接：
http://kysj.amegroups.com/articles/3902

（采访编辑：钟珊珊，AME Publishing Company）

Javier Gallego：

单孔胸腔镜手术在心外科中的应用

编者按：2016年3月16日—18日，由德国柏林Charité大学医院、西班牙拉科鲁尼亚大学医院以及同济大学附属上海市肺科医院共同主办的"第三届国际单孔胸腔镜手术研讨会(the 3rd International Uniportal VATS Course)"在德国柏林Campus Charité Mitte (CCM)成功举办。会议上，作为一名有着多年经验的心胸外科医生，来自葡萄牙Hopital Santa Maria的Dr. Javier Gallego就"Uniportal VATS in Cardiac Procedure"一话题进行了精彩分享。会议间隙，Dr. Gallego接受了AME出版社的采访，分享了在心外科临床实践中单孔胸腔镜的相关应用经验。

Dr. Javier Gallego Poveda, MD, PhD, FETCS, currently is in the department of Cardio-Thoracic, Santa Maria University Hospital, Lisbon, Portugal.

谈及为何会选择心胸外科，Dr. Gallego先为我们讲述了他最初涉足外科手术的经历，然后表示，他认为外科医生能为患者带来福音是其中一大缘由。

采访问题

1. 单孔胸腔镜技术在心外科中的应用优势？
2. 这项应用在您的医院使用广泛吗？
3. 您觉得微创心胸外科手术是否会完全替代开放手术？
4. 您觉得外科医生面对新技术与进步应持什么态度？
5. 作为一名心胸外科医生，您能与我们分享一下您为何会喜欢这个工作吗？

（采访编辑：高凤平，AME Publishing Company）

视频访谈

Joel Dunning：

Surgery keeps you active and exciting

编者按： "第二届剑桥国际胸外微创手术研讨会(The 2nd Cambridge International VATS Symposium)"于2015年10月16日—17日在英国剑桥马丁利礼堂旅舍成功举办。此次研讨会上，来自英国米德尔斯堡詹姆斯库克大学医院的Dr. Joel Dunning就微创肺叶切除术(microlobectomy)进行了分享，让台下观众获益良多。会议间隙，Dr. Dunning接受了AME出版社的采访，从引流与疼痛两方面分析了微创肺叶切除术的优点，同时也分享了微创肺叶切除术实践中应遵守的原则及其对年轻外科医生培养方面的建议。最后，Dr. Dunning对AME出版社的编辑说出了外科对于他的意义——Surgery keeps him active and exciting for 25 years！

Dr. Joel Dunning, FRCS, PhD, thoracic surgeon in James Cook University Hospital, Middlesbrough, United Kingdom.

采访问题

1. Today your speech is about the microlobectomy. Would you like to tell us about the advantages and shortcomings of microlobectomy?

2. What principles should the thoracic surgeons observe when starting microlobectomy?

3. Would you like to give some suggestions about the training of the young thoracic surgeons?

4. In this year's American College of Surgeons (ACS), there was a post board written, "what do you love about surgery". Would you like to share with us—what do you love about surgery?

Joel Dunning：
Surgery keeps you active and exciting

视频观看链接：
http://kysj.amegroups.com/articles/3733

(采访编辑：高凤平，AME Publishing Company)

Keng Leong Ang：

在何建行教授团队的 fellowship 经历

编者按： 这几天一直在播报第一届国际"无管"胸外科微创手术学习班(The 1st International Course on Tubeless VATS)，为期5天的学习班于昨日顺利落下帷幕，这几天在会场转悠的小编，很好奇台上用标准英式英语主持的华人面孔到底是何许人也。听完他在会上的分享，才知道他便是East-midland Deanery胸外科派往广州医科大学附属第一医院胸外科做fellow的 Keng Leong Ang医生，AME出版社的编辑借此机会采访了Keng Leong Ang医生，请他分享他在何教授团队的fellowship经历。

Keng Leong Ang

采访问题

1. Why/How do you choose this hospital to do your fellowship?
2. What is your expectation before you take the fellowship and what have you learnt for now?
3. What impressive you most during your fellowship in this hospital?
4. What more interesting experience that you would like to share with us?

AME
Publishing Company

Keng Leong Ang：
在何建行教授团队的fellowship经历

视频观看链接：
http://kysj.amegroups.com/articles/4031

（采访编辑：钟清华，AME Publishing Company）

Kyle Hogarth：

电磁导航支气管镜技术之美国经验分享

编者按：**"2016年世界胸科大会(CHEST World Congress 2016)"** 于2016年4月15日—17日在上海黄浦江畔成功举办。本次大会除了常规的主题演讲，还为与会人员提供了一系列教育专场，包括现场模拟操作演示课程、疑难病例讲座、互动讨论等，希望帮助参会嘉宾更好地学习新知识、新技能，更快地将其应用于临床工作中。

D. Kyle Hogarth, MD, FCCP, is Associate Professor of Medicine in the Section of Pulmonary and Critical Care Medicine at The University of Chicago.

　　肺癌已成为我国发病率最高的恶性肿瘤。关于肺癌的早期诊疗工作，国外的经验如何？对于近年来受到广泛关注的电磁导航支气管镜技术，有哪些国外经验值得分享？借本次大会契机，AME出版社的编辑诚挚邀请电磁导航界的领军人物、来自美国芝加哥大学肺内科的Kyle Hogarth教授与读者分享来自美国的经验。欢迎点击观赏采访视频。

采访问题

1. Lung cancer is one of the top killers in China. How about in the USA? Could you give us a general picture of current situation of Lung Cancer in the world?

2. Early diagnosis plays an important role in the treatment of lung cancer. But how can we diagnose as early as possible? Do you have any better practices in the USA to share with us?

3. What are the differences and the revolutionary changes for Electromagnetic Navigation Bronchoscopy (ENB) compared with the traditional diagnosis methods?

4. For the peripheral lesions, which are difficult for TTNA, what are the advantages of ENB?

5. For the technique, what's the major challenge when operating ENB? Could you here share some of your experience with us?

(采访编辑：王嘉慧，AME Publishing Company)

Mahound Ismail：

不仅仅是热爱单孔胸腔镜手术

编者按：2016年3月16日—18日，由德国柏林Charité大学医院、西班牙拉科鲁尼亚大学医院以及同济大学附属上海市肺科医院共同主办的"第三届国际单孔胸腔镜手术研讨会(the 3rd International Uniportal VATS Course)"在德国柏林Campus Charité Mitte (CCM)成功举办。会议间隙，研讨会主席Dr. Mahound Ismail接受了AME出版社的采访，分享了单孔胸腔镜手术在德国的发展现状及其个人对于单孔胸腔镜手术的看法。

MU Dr. Dr. Mahmoud Ismail is a graduate of the Charles University Prague, faculty of medicine in Plzen.

采访中，Dr. Ismail与我们谈到了单孔胸腔镜手术的无痛微创特点使它越来越受到患者和医生的欢迎，在德国的发展也越来越迅速，其所在的Charité医院所做的单孔手术数量几乎是其他医院的20倍。而对于此届研讨会，Dr. Ismail则认为无论是从国际性还是分享内容的前沿性来说都是巨大的成功，让人期待下一届单孔胸腔镜手术会议的到来。

此外，Dr. Ismail还与我们分享了他为何如此热衷于单孔胸腔镜手术——不仅仅是热爱这项手术的精巧，更是因为单孔胸腔镜手术能为患者带来许多其他手术所不能带来的益处。

采访问题

1. 您觉得现今单孔胸腔镜手术在德国的发展情况如何？

2. 单孔胸腔镜手术在您所在的医院情况如何？所占比例有多少？

3. 您能与我们分享一下贵医院年轻医生的单孔胸腔镜手术培训情况吗？培训重点有哪些？

4. 作为此次研讨会主席，您在单孔胸腔镜手术方面有着多年经验，能否与我们分享一下单孔胸腔镜手术如此吸引您的原因？

5. 作为第三届国际单孔胸腔镜手术研讨会主席，您觉得此次会议有何亮点与进步？

6. 您对下一届会议有何展望？

Mahound Ismail：
不仅仅是热爱单孔胸腔镜手术

视频观看链接：
http://kysj.amegroups.com/articles/4294

（采访编辑：高凤平，AME Publishing Company）

Robert Korst：

全胸腺瘤切除术后化疗疗效有待考究

编者按："第六届国际胸腺肿瘤协会年会(ITMIG 2015)"于2015年10月25日在上海落下帷幕。为期2天的会议云集了国内外胸外科大咖。此次ITMIG年会是有史以来参会的会员最多、规模最大、评价最高的一次。

Robert Korst, Valley Health System, New Jersey, United States.

　　会后，ITMIG协会主席Robert Korst教授接受了AME出版社的采访，分享了他对胸腺瘤完整切除术后化疗疗效的个人见解，并分享了他对胸腺瘤研究国际协作的展望。

采访问题

1. From your presentation about the efficacy of Post Operative Radiation Therapy in Completely Resected Thymoma, what is the key message you would like to convey to the audience?

2. How would you comment on the recent development of thymic tumor research?

3. What is your expectation for future international collaboration in thymic tumor research?

4. What is your impression for the ITMIG 2015 annual conference?

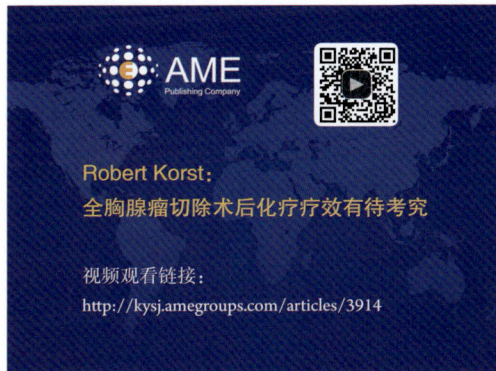

Robert Korst：
全胸腺瘤切除术后化疗疗效有待考究

视频观看链接：
http://kysj.amegroups.com/articles/3914

(采访编辑：黎少灵，AME Publishing Company)

视频访谈

Jens C. Rückert：

假如重新选择，我还会选择外科

编者按： "2016普胸外科术后并发症国际论坛——中欧峰会"于2016年9月24日在美丽的上海隆重举行。本次峰会由上海市医学会胸外科分会主办，会议邀请了众多欧洲著名学者、国内著名胸外科专家进行专题演讲并展开了深入讨论。在峰会上，欧洲机器人手术代表性人物Jens C. Rückert教授接受了AME出版社的采访。

Jens C. Rückert，柏林大学附属夏里特医院胸外科主任，教授，胸外科医师协会(STS)成员，*Journal Surgical Oncology*胸外科顾问。

Jens C. Rückert教授所在的柏林自由大学和洪堡大学附属Charité(夏里特)医院是欧洲最大的医疗机构，拥有300余年的悠久历史。院内从事研究、教学和治疗的专业人员都处于国际顶级水平，德国诺贝尔医学和生理学奖得主中有一半来自于Charité医院。Charité医院分为四大院区，分布在柏林的四个不同地区，其拥有13 000名员工，这使其成为了柏林最大的雇主。

Jens C. Rückert的机器人胸腺手术在业内备受推崇，在这次峰会上，Rückert教授介绍了机器人纵隔术后并发症的相关情况及其危险因素，并且表示对于外科医生来说，"No bad routine with growing experience"。而在AME出版社的专访中，Rückert教授表示，他并不期待机器人能够取代外科医生的双手去做手术……更多有趣的内容，请观看访谈视频。

采访问题

1. You have a speech on "Complications after robotic mediastinal surgery" today, is it possible that robot would replace the surgeons to do the surgery in the future?
2. What can you do if you are not a surgeon?

Jens C. Rückert：
假如重新选择，我还会选择外科

视频观看链接：
https://v.qq.com/x/page/d0332q0pu13.html

（采访编辑：闫梦梦，AME Publishing Company）

Scott J. Swanson：

当我们谈论机器人时，VATS 目前仍为主导

编者按： "AATS Focus on Thoracic Surgery: Lung and Esophageal Cancer 2016" 于2016年3月19日—20日在上海成功举行。本次会议，胸外科名家云集，内容紧凑充实。会议上，Swanson教授就"VATS Resection following Induction Therapy"和"Management of Chyle Leak"这一话题进行了精彩分享，并在次日的视频演示环节中作为主持人，展示了"VATS Lobectomy"手术，充分显示了其精湛的手术技术。会议间隙，Scott J. Swanson教授接受了AME出版社的采访，分享了其胸腔镜手术方面的相关经验。

Scott J. Swanson，Swanson教授目前是哈佛医学院的外科学教授，Brigham and Women's Hospital胸外科微创中心主任，Dana-Farber/Brigham and Women's肿瘤中心外科学主任。他的主要研究方向为肺癌、食管癌的手术治疗，特别是以胸腔镜为主的微创治疗以及肺移植和胸部肿瘤的手术治疗。

采访中，Swanson教授谦逊地讲述了自己作为胸外科医生的历程，并表示为自己20多年来能通过手术帮助更多的肺癌患者感到欣慰。他还借机给我们介绍了乳糜胸患者的管理要点，5%~10%的患者在胸部手术后会发生乳糜胸，关键点在于早发现早治疗，以减少患者痛苦。随后，Swanson教授对机器人辅助的胸腔镜手术和胸腔镜手术(VATS)的现状发表了自己的看法，他还提到，目前在美国，大部分医院依然没有对机器人辅助的胸腔镜手术投入太多经费。

胸外科医生是一个很具挑战性的职业，Swanson教授建议年轻医生每天都应该不断地学习和强化技能，因为变得越来越好并不是一件容易的事情，他还发自肺腑地说，作为医生应该对患者更耐心和更真诚。

采访问题

1. Why did you select your field, what do you like about thoracic surgery?

2. Could you tell me about your proudest achievement?

3. You have an excellent speech on "Management of Chyle Leak" today, would you like to summarize your main points to our readers?

4. What's the disadvantage of robotic thoracic surgery, compared to thoracoscopic surgery? What's your opinion on robotic thoracic surgery?

5. Any advices for students interested in pursuing a career in your field?

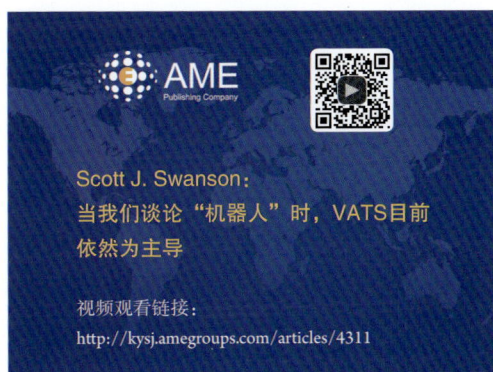

Scott J. Swanson：
当我们谈论"机器人"时，VATS目前
依然为主导

视频观看链接：
http://kysj.amegroups.com/articles/4311

（采访编辑：杨丹，AME Publishing Company）

Simon YK Law：

综合治疗时代中的食管外科

编者按： "华西2015国际食管疾病论坛(West China 2015 Forum on Esophagology)" 于2015年9月20日在四川成都顺利举行。会上，香港大学玛丽医院(Queen Mary Hospital)的罗英杰(Simon YK Law)教授接受了AME的采访。Simon YK Law教授是香港大学玛丽医院食管肠胃外科主任，国际食管疾病学会(ISDE)第十四届国际会议主席，其研究兴趣主要集中在上消化道疾病，尤其在食管癌和胃癌方面。

Simon YK LAW, MBBChir (Cantab), MS (HK), MA, FRCSEd, FCSHK, FHKAM, FACS，Cheung Kung-Hai Professor of Gastrointestinal Surgery, Chief, Division of Esophageal and Upper Gastrointestinal Surgery, Department of Surgery, The University of Hong Kong, Queen Mary Hospital, Hong Kong. He is a council member of the College of Surgeons of Hong Kong.

采访问题

1. As you introduced in your speech "Surgery for Esophageal Cancer in the era of multimodality treatments", the role of surgery is changing. What role of surgery will play in the future multimodality treatment for esophageal cancer?

2. Actually, the conference had quite a lot of introductions and discussions on the researches on neo-adjuvant therapies and the adjuvant therapies about the treatment of esophageal cancer. What are the outcomes\progresses of these researches at present?

3. What are the major factors causing esophageal cancer? How to prevent esophageal cancer?

4. As you are the expert on esophageal and gastric cancers, would you like to share the latest progress of your researches?

Simon YK Law：
综合治疗时代中的食管外科

视频观看链接：
http://kysj.amegroups.com/articles/3708

（采访编辑：何朝秀，AME Publishing Company）

Steven DeMeester：

Focus on the long–term outcomes

编者按：“华西2015国际食管疾病论坛”于2015年9月20日在文化气息浓厚，风姿独具的天府之国——四川成都召开。本次会议特邀嘉宾，来自南加州大学的Steven DeMeester教授在会议间隙接受了AME出版社的专访，分享其对年轻胸外科医生的建议以及对中国食管疾病研究的看法。

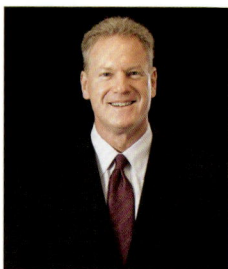

Steven R. DeMeester, MD, is a professor and clinical scholar in the department of cardiothoracic surgery at the University of Southern California School of Medicine.

采访问题

1. During Dr. Wang's speech, you mentioned that some people still got cancer even they do not drink or smoke. Is there any research on the reason behind this phenomenon and what would be the result?

2. After his speech, Dr. Simon Law left a question about the role of surgery in the early cancer. Would you like to tell us your perspective on the role of surgery in the early cancer?

3. We know that you have extensive experience in the field of advanced thoracoscopic surgery for the treatment of reflux disease. What kind of skills you think the young thoracic surgeons should possess so that they can achieve a successful minimally invasive thoracoscopic surgery?

4. In today's forum, we noticed that you asked question after almost every speech. Would you tell us your view on today's forum and your expectation on the future development of research on esophagus disease in China?

Steven DeMeester:
Focus on the long–term outcomes

视频观看链接：
http://kysj.amegroups.com/articles/3629

（采访编辑：高凤平，AME Publishing Company）

Takuya Nagashima：

I want to do my best for lung cancer patients

编者按："第四届国际胸部肿瘤西子论坛（国家级继续教育项目）暨胸部微创新技术、快速康复——气道管理学习班"于2015年11月11日—15日在杭州世外桃源皇冠假日酒店举办。本次会议上，来自Yokohama City University的Takuya Nagashima就"Thoracoscopic Left mediastinal Lymph node dissection"一题进行了精彩演讲，并在会议之后接受了AME出版社的专访。当Dr. Nagashima被问及为何要成为一名胸外科医生时，他很认真地回答道："I want to do my best for lung cancer patients。"

Dr. Takuya Nagashima, an assistant professor at Yokohama City University Medical Center, Respiratory Disease Center, is the board certified by Japan surgical society, Japan general thoracic surgery, Japanese society for respiratory endoscopy and Japan society of clinical oncology.

采访问题

1. First, could you please briefly introduce yourself to our audience, including your research interests?

2. Today you gave an excellent speech on "Thoracoscopic Left mediastinal Lymph node dissection", could you give a summary on your main points of your report? What shall we learn from the report?

3. You are doing well in the Lymph node dissection, what is the biggest challenge for Lymph node dissection, and do you expect any innovative technology to have a breakthrough?

4. We notice you have been working on respiratory disease for a long time, what is your most memorable surgery?

5. What is your impression on China and Chinese chest researches?

6. Finally, why do you want to be a surgeon of respiratory, is there any story here?

Takuya Nagashima：
I want to do my best for lung cancer patients

视频观看链接：
http://kysj.amegroups.com/articles/3914

（采访编辑：何莎，AME Publishing Company）

Tomoyuki Hishida：

Surgical outcome of thymic carcinoma

编者按："第六届国际胸腺肿瘤协会年会(ITMIG 2015)"于2015年10月23日—25日在中国上海环球富豪东亚酒店成功举办。许多世界胸腺肿瘤领域著名的研究学者和临床专家参加了本次大会，报告了胸腺及其他纵隔肿瘤最新的基础和临床研究进展。来自日本National Cancer Center Hospital East的胸外科专家Dr. Tomoyuki Hishida在会议上就"Surgical outcome of thymic carcinoma"一题作了精彩报告。会后，Dr. Hishida接受了AME出版社的专访。

Dr. Tomoyuki Hishida, a thoracic surgeon at National Cancer Center Hospital East, Japan. Dr. Hishida received his M.D. and Ph.D at Nagoya University.

采访问题

1. Dr. Hishida, welcome to ITMIG 2015 and welcome to China. First of all, would you kindly introduce to us the current incidence of thymic carcinoma in Japan?

2. As you are an expert in surgery for thymic carcinoma, what is the secret for a successful procedure?

3. Would you kindly introduce to us the factors affecting survival after surgical treatment for thymic carcinoma?

4. Minimally invasive surgery is a trend now, like Robotic surgery and VAST surgery. What is the current status of these surgeries for thymic carcinoma in your hospital?

5. In your presentation, you talked about "Surgical outcome of thymic carcinoma". Would you kindly summarize the key points of your presentation?

Tomoyuki Hishida:
Surgical outcome of thymic carcinoma

视频观看链接：
http://kysj.amegroups.com/articles/3776

（采访编辑：叶露娇，AME Publishing Company）

Toni Lerut：

比利时胸外科医生的中国行

编者按： "首届Tubeless VATS 国际学习班(First International Course on Tubeless and Advanced VATS Lobectomy Techniques)"于2015年12月7日在广州医科大学附属第一医院举办。比利时鲁汶大学(University Hospital Leuven)的著名胸外科大师和食管外科专家Toni Lerut教授在学习班上作了题为"Evolution of thoracic surgery and my Chinese experience"的精彩演讲，总结了胸外科的发展，分享他的中国之行，并在分享结束后接受了AME出版社的采访。

Professor Toni Lerut, professor of thoracic surgery at University Hospital Leuven, Belgium. Prof. Lerut received his medical degree and training in general surgery at the Catholic University of Leuven, Belgium.

Toni Lerut教授与中国的渊源颇深，早在25年前Prof. Lerut第一次来到中国上海，往后他到过中国的很多城市(如北京、昆明等地)普及胸外科手术技术并参与学术交流。惊叹于中国经济快速发展的同时，作为一位胸外科医生，Prof. Lerut更是赞叹中国在胸外科领域取得的巨大进步。采访中，Toni Lerut教授透露说，他2016年将会在上海待4~5个星期，与上海胸科医院等单位进行进一步合作。Prof. Lerut积极参加国际的学术交流，曾任ESTS、EACTS、ISDE等组织主席。他表示，在今年的ESTS会议上有很多中国专家参加，很高兴在特别举办的"中国之夜(China's Night)"上能与多位中国外科医生交朋友，并希望2016年的ESTS会议上也有同样的环节。此次学习班还有3位来自比利时的医生参加了学习。对于本次会议的热点Tubeless VATS，Prof. Lerut认为麻醉方面和医疗器械的进步让非插管胸腔镜手术成为可能，他相信Tubeless VATS在不久的将来会成为常规的手术。当被问及为什么会选择成为一名外科医生时，Prof. Lerut则表示外科医生既要动脑又要动手，就如同进行艺术创作。

采访问题

1. Would you kindly introduce yourself to our audience first?
2. You talked about your Chinese experience just now in your presentation. Would you like to share it again here with our audience?
3. Do you have any plans for further cooperation with Chinese surgeons?
4. How do you think of the Tubeless VATS techniques?
5. Would you like to talk about the current status of VATS surgery in your country?
6. What inspired you to become a surgeon?

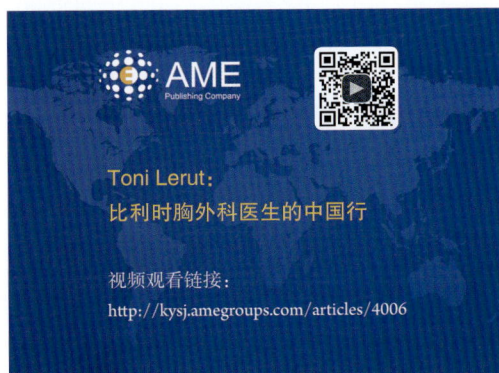

Toni Lerut：
比利时胸外科医生的中国行

视频观看链接：
http://kysj.amegroups.com/articles/4006

（采访编辑：叶露娇，AME Publishing Company）

Tristan D. Yan：

微创心胸外科手术之见

编者按： "第一届全国全腔镜气管隆突手术学术会议暨第八届肺癌微创治疗论坛"于2015年5月16日在广州医科大学附属第一医院召开。会议特邀讲者Prof. Yan接受了AME出版社的专访。专访中，Prof. Yan介绍了被他称为Mini-bentall procedure的微创心血管手术以及微创大动脉手术的优势，并对心外、胸外科的"分家"发表了自己的看法。最后，Prof. Yan表示很欣赏何建行院长团队最新推出的裸眼3D技术，相信该技术对胸外科、心外科手术都会有所裨益。

Tristan Yan，《心胸外科年鉴》(*Annals of Cardiothoracic Diseases*) 杂志主编，澳大利亚悉尼大学中心临床学院外科副教授。

采访问题

1. As you know in China, Thoracic Surgical Practice is now separated from Cardiac Surgery. Do you see the advantages of the trend of having a streamed practice?

2. You mentioned thatyou do the posterior VATS lobectomy approach. What are the main advantagesof this approach as opposed to the anterior approach?

3. You talked aboutmini-bentall procedure. What is a mini-bentall procedure?

4. Through 5-7 cmincision, what kind of procedures can you porform?

5. What are the benefits of minimally invasive aortic surgery? Forexample, what is the average length of the hospital stay followingthis procedure?

6. What is the secret for successful mini-bentall procedure?

7. Professor Helaunched the Super D 3D monitor at this meeting. Can you see that you canutilize the monitor in both minimally invasive thoracic and cardiac surgery inyour practice?

(采访编辑：钟清华，AME Publishing Company)

Walter Weder：

我一直为手术着迷

编者按："AATS Focus on Thoracic Surgery: Lung and Esophageal Cancer 2016"于2016年3月19日—20日在上海成功举行。本次会议，胸外科名家云集，内容紧凑充实。会上，AME出版社邀请了瑞士苏黎世大学医学院的Walter Weder教授接受采访。

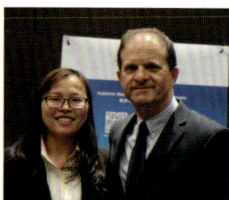

Walter Weder，瑞士苏黎世大学医学院教授，当选为2005年度ESTS学会主席。Weder教授在1992年完成了瑞士首例肺移植，在1994年完成世界首例胸腔镜肺减容术。目前主要从事肺部恶性肿瘤、胸膜间皮瘤和机器人手术的临床和研究。Weder教授亦是国际间胸外科学术的积极推动者，多次应邀来中国访问。

在采访中，对于早期肺癌的两种疗法"手术和SBRT"，Weder教授认为，对患者来说，手术是更好的选择，因为其较低的死亡率、术后更少的组织损伤等。谈到大热的"人机围棋大战"让许多人觉得人工智能某天也许可以取代外科医生为患者实施手术，Weder教授对此表示怀疑，因为手术涉及到不同的个体，是需要人类医生去作决定的。他觉得未来会出现更多的机器人协助的手术，但仍然需要人类医生去主导。

Weder教授在外科领域成绩斐然，他说自己一直为手术着迷。他认为应在了解疾病的基础上，作出正确的医疗决策，并运用先进的医疗技术、精确的手术步骤，更好地让患者受益。这次大会的午餐研讨会是关于北美、欧洲和中国的胸外科住院医师培训，对此议题，Weder教授说，北美和欧洲的培训机制大体相同，但也有差异，比如在欧洲，国家众多，每个国家的经济实力、政策各不相同，难以统一。他认为在国际间设立一个通用标准来考核世界各国的医师也是很有必要的，这样才能让更多的优秀医生去不同的国家交流学习，最终促进胸外科的发展。

采访问题

1. Would you kindly introduce yourself to our audiences?
2. Surgery vs SBRT, what do you think about the two therapies?
3. Do you think that AI would replace the surgeons to do the surgeries in one day?
4. Could you tell us what/who drives you to be an outstanding surgeon?
5. About the lunch symposium topic "Thoracic Surgery Resident Education; North America, Europe and China. Could you tell us the differences between these regions?
6. Do you think that the standard criteria are necessary to set for evaluating the young doctors and sending those better doctors to go abroad?

Walter Weder：
我一直为手术着迷

视频观看链接：
http://kysj.amegroups.com/articles/4309

(采访编辑：刘燕华，AME Publishing Company)

潘常青：

将"上海胸科"建设成国际品牌

潘常青，上海胸科医院(上海交通大学附属胸科医院)院长，普外科主任医师，上海市医院协会常务理事、学术委员会委员，上海交大医学院学术委员会委员，中国医院协会建筑系统研究分会会员，上海市知联会会员。历任上海市第一人民医院普外科住院医师、主治医师、副主任医师一职，2002年晋升为主任医师。1998年起担任普外科行政副主任。1999年10月曾赴美国加州大学洛杉矶分校医学中心进行访问学者工作。2003年起从事行政管理工作，历任上海市第一人民医院医务处处长、设备处处长，2008年4月起担任上海市第一人民医院后勤副院长、医疗副院长，兼任上海市第一人民医院虹口分院院长。2016年3月起担任上海交通大学附属胸科医院院长，对临床工作和医院管理有较为丰富的经验。主攻胃肠道肿瘤的规范化外科治疗和化学治疗，2001年曾和他的团队一起实现了四个上海市第一，其中包括：首例胰腺外分泌肠内引流式一期胰肾联合移植；首例减体积式原位肝移植；首例肝肾联合移植；首例重症肝炎急诊肝移植。科研成果"磁激活细胞分离术用于胃癌的微转移研究"和"肝硬变及肝癌患者的氧化应激对端粒酶活性、调亡调节及组织稳态的影响"获上海市科技成果。2013年获上海市节能先进个人，获上海市总工会"2014—2015年度上海市职工信赖的经营管理者"。已发表管理和专业类论文33篇，参编书籍3部。

2016年，潘常青教授挑起上海胸科医院(上海交通大学附属胸科医院)大梁，履职1年多以来，他用多年的从医经历践行着朴素的医者情怀，用综合的管理思维实施着高效的医院管理。

1 以心为灯，临床和管理碰撞出火花

2016年3月，上海申康医院发展中心的一份"任免通知"，让时任上海市第一人民医院副院长的潘常青成为上海胸科医院(上海交通大学附属胸科医院)

新一任院长。

潘常青教授原是上海市第一人民医院普外科的主任医师，主攻胃肠道肿瘤，专业上与胸科并无交集，申康医院发展中心作出的这个决定，是基于对他的3点评价：经验丰富、沉稳务实、思路清晰。

结束了长达20多年的临床工作，潘教授踏上医院管理这条充满挑战的道路。从医生到管理者，角色的转换，必然面临着两种工作方法的碰撞，那时的他还是更习惯于临床的工作，虽是"半路出家"，但被委以重任后，潘教授开始对管理工作的方法进行钻研。来到胸科医院，他开会、读报表、走访基层，通过各种方式了解医院的情况，循序渐进，多角度、多层级地聆听。凭借一颗医者的"初心"，结合自身的临床经历和优势，他经过一年的实践、学习，摸索出一套独特的管理模式和理论来。

本次我们采访潘院长的时候，在话语间感受到了其对临床事业的热爱和自豪。也正是因为拥有丰富的临床经历，潘院长才能让医院的管理与临床需求紧密结合。谈到胸科医院的优势，潘院长满是自豪——品牌知名度高、临床和创新能力强是胸科医院的核心竞争力。而所有的管理，都是为了更好地支撑和服务医院的医疗、教育和科研。临床和管理工作相辅相成，从临床工作中，可以了解医院发展的深度，从管理工作中，又可以看到医院发展的广度。这样的"碰撞"，擦出了许多新鲜又闪亮的火花。

当我们问及潘院长，在退休时希望自己被人们记住什么，他很坦然地说，记不记住并不重要，只希望自己在位期间，能够尽最大的努力，为医院的发展和医疗团队的建设作出贡献，将好的东西传承下去。这个回答正如他的作风，20多年来，无论是作为医生还是管理者，他将医德奉为圭臬，淡泊名利，一直践行着朴素的医者情怀，用敏锐的管理思维实施高效的医院管理。

2　精益求精，打造上海胸科医院国际品牌

上海胸科医院(上海交通大学附属胸科医院)创建于1957年，是我国最早建立的集医疗、教学、科研为一体的，以诊治心、肺、食管、气管、纵隔疾病为主的专科医院。作为一家大型三级甲等专科医院，胸科医院创造了许多医学上的"第一"：手术技术上，这里实施了世界首例非血缘供体、成人单侧肺叶移植术；国内首例冠脉搭桥并行心脏瓣膜置换术；国内首例达芬奇机器人辅助肺癌根治术、胸腺瘤切除。研发方面，这里也诞生了国内第一架鼓泡式人工心肺机。国内公认的四位心胸外科奠基人，黄家驷、吴英恺、顾恺时和兰锡纯，其中三位曾在上海胸科医院分别担任院长、副院长职务。上海胸科医院虽然建院时间不长，却有着深厚的沉淀，这里集中了全国最优质的心胸外科资源。潘院长认为，上海胸科医院的发展战略和规划的方向，究其本身，在于医院自身的定位。目前，上海胸科医院在肺部、纵隔肿瘤方面，全国排名靠前，心脏疾病

方面有待进一步发展。他坚信，通过全体医务人员的努力，能够把本医院做得更有特色，使学科实力变得更强。目前，医院的发展目标是：让心胸学科的技术能够得到进一步的发展，争取让胸部、肺部肿瘤等专业的实力位居全国前列，也争取让心脏学科能够在上海市名列前茅，以便让医院在全国各家医院的激烈竞争中脱颖而出。

学科建设是医院品牌、声誉、竞争的基石，也是医院管理、质量、业务的抓手，而在学科建设中，临床和科研能力缺一不可。潘常青教授一直相信，作为国内外一流的胸科医院，患者数量多，临床研究样本资源丰富，这是提升医院临床科研水平和操作技能的绝对优势。在未来的日子里，胸科医院的医生们将通过不断的探索、研究，制定出对我们国家普遍适用的医用规范和标准，为我们国家的患者提供更优质的治疗方案，这也是历代胸科医院人的梦想和夙愿。

当然，医院的国际化品牌建设，除了自身要有强大的核心竞争力，还需要有力的学术平台支持。2017年4月1日，上海胸科医院与AME公司达成了提升科研影响力的战略合作，携手共建"AME-上海胸科医院国际科创中心"，展开共同创办国际医学期刊*Shanghai Chest*、出版中英文医学图书、针对中青年医生开展系统的科研培训、组织疑难病例国际多学科会诊和科研论文国际多学科会诊(智力众筹模式)等五个方面的战略合作。对于*Shanghai Chest*杂志的构想，潘院长笃定地谈到，一家知名的医院需要一本优秀的杂志向公众宣传自己，提升自己的影响力。上海是一个国际化大都市，通过建立*Shanghai Chest*杂志这个平台，可以将胸科医院在专业领域的经验、体会以及教训展现给公众，同时与国内外的专家建立学术交流，让胸科医院真正地"走出去"，从而使医院的品牌得到进一步的提升，最终将医院建设为国际一流的专科医院。了解到AME在耕耘国际学术平台所作取得的成绩，潘院长坚信上海胸科医院与AME的合作，一定可以为医学事业、为胸科医院的发展共同作出卓越贡献。

3　立足当下，在培养和创新中建设未来

在潘院长眼中，年轻人就是明天，医院的明天在年轻医生身上。因此他非常重视对年轻医生的培养和教育。梯队式培训模式，为每一位医生量身定做的职业规划，公平、公正、公开的人事制度和分配制度，均激发了年轻医生的工作激情，也吸引了一大批优秀的医学人才加入医院。临床出身的潘院长一直强调，"让一部分医生去做管理不是坏事，一方面对临床工作有更精确的指导作用，另一方面也是对其能力的锻炼。"如今的胸科医院，在年轻医生的培养制度上，已相对成熟。培养过程中，医院着力于关注年轻医生的"四力"：保持年轻医生的动力，提高年轻医生的能力，增加适当的压力以及提升年轻医生的创新力。

　　初到管理岗位一年多，潘院长的各项管理工作和决策在医院就已经开展实施起来，上海胸科医院在他的管理下也更上一层楼。作为医者，他孜孜不倦，沉着冷静，仁心仁术；作为院长，他不断挑战自我，栉风沐雨，坚定前行。"我从工作中不断反思，只有谨记成功和教训，才能不断进步。"

　　如今，站在新的高度和起点上，在潘院长的带领下，上海胸科医院将继续不懈努力，实现更快、更好的发展，走得更高、更远。他始终坚信，医疗事业不止眼前的"苟且"，还有信念和远方的梦想。

（采访编辑：黎少灵，刘黎畅，AME Publishing Company）

相关链接：
AME出版公司与上海市胸科医院签署战略合作协议
http://kysj.amegroups.com/articles/5050

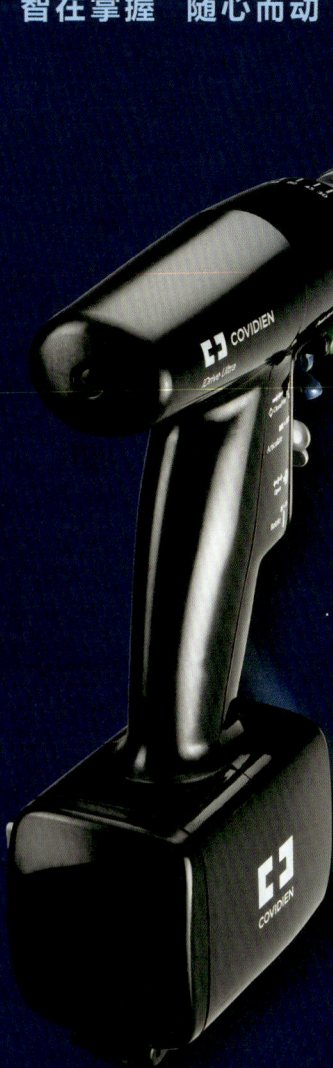

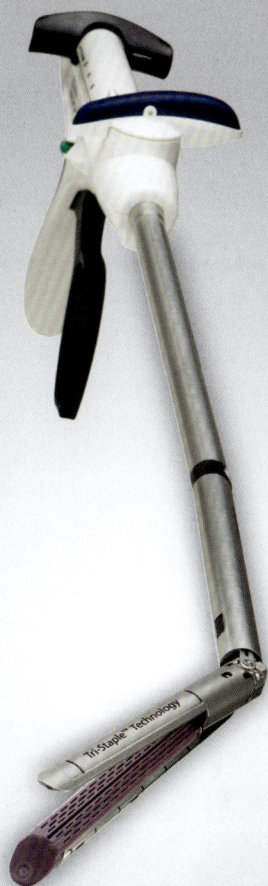

Tri-Staple™ 智能科技

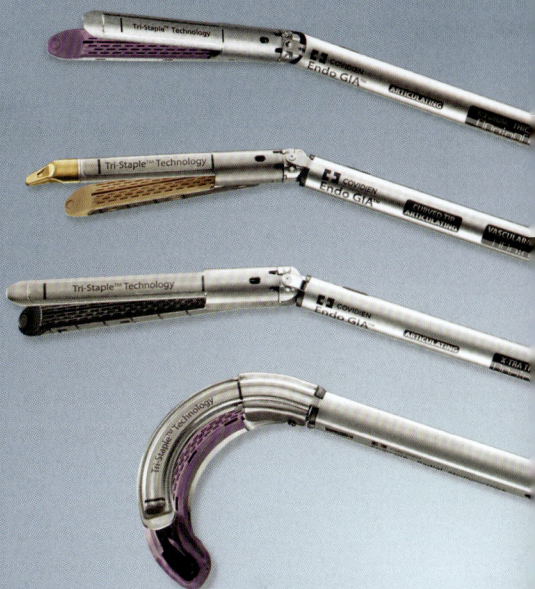

Tri-Staple™ 智能吻合技术系列
钉仓及新一代腔镜下切割吻合器

- Tri-Staple™智能**紫钉**，宽泛的组织适应性，适用于普通组织和厚组织；

- Tri-Staple™**智喙**钉仓，特有的喙状钉砧头端设计，适用于挑战手术空间的血管处理；

- Tri-Staple™智能**黑钉**，最高5.0mm的缝钉高度，专为特厚组织设计；

- Tri-Staple™**锐达**弧形钉仓，智能弧形设计，满足低位直肠及肺楔形切等手术对阴性切缘的要求。

Medtronic
Further, Together

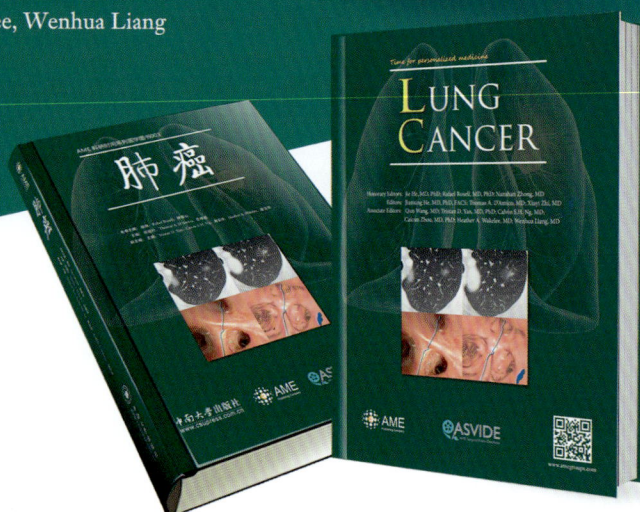

UNIPORTAL VIDEO-ASSISTED THORACIC SURGERY

*Stay Calm,
Think Uniportal*

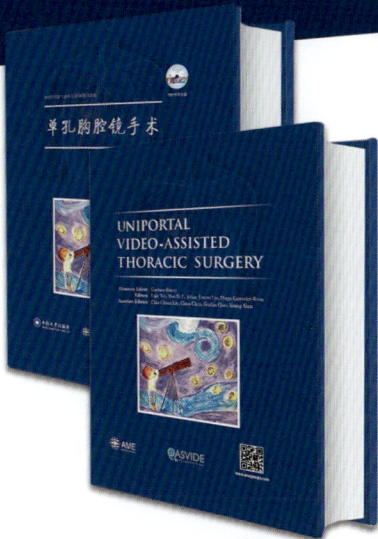

HONORARY EDITOR:
GAETANO ROCCO

EDITORS:
LIJIE TAN

ALAN D. L. SIHOE

LUNXU LIU

DIEGO GONZALEZ-RIVAS

ASSOCIATE EDITORS:
CHIA-CHUAN LIU

CHUN CHEN

GUIBIN QIAO

YAXING SHEN

AME 科研时间系列医学图书 026

2015 WHO
2011 IASLC/ATS/ERS
肺腺癌新分类及临床实践

主审： 吴一龙

主编： 乔贵宾 钟文昭

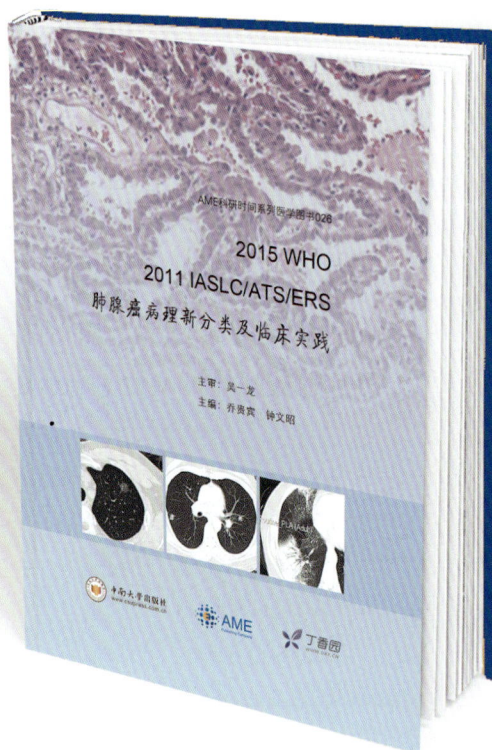

AME
Publishing Company

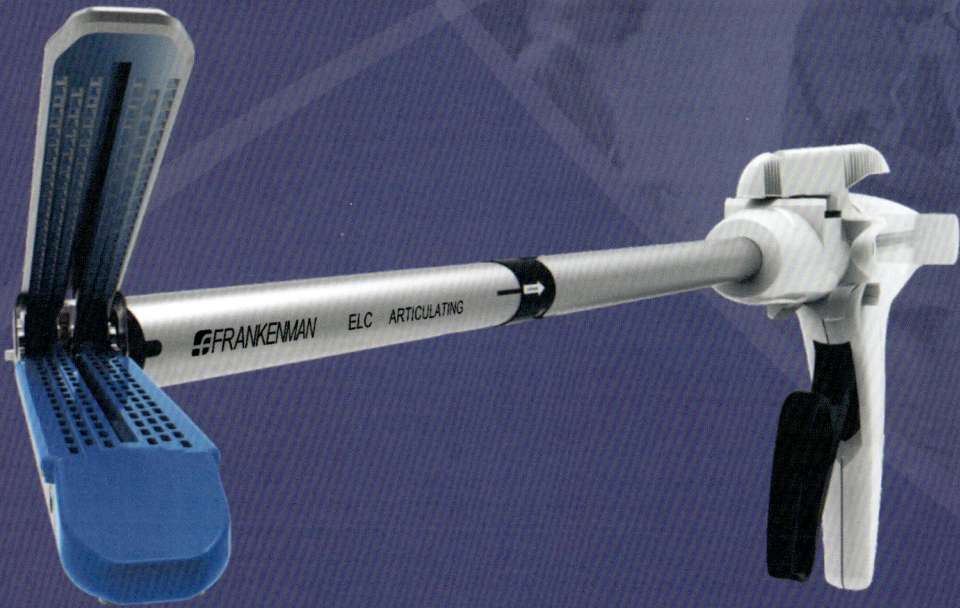

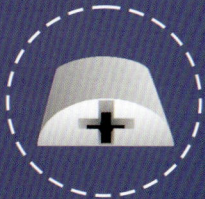

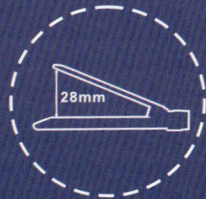

从住院医师到退休：
打造成功的胸外科职业生涯

AME 学术盛宴系列图书 002

特邀主编：Sean C. Grondin;

F. Griffith Pearson

顾　　问：Mark Ferguson

主　　审：姜格宁

主　　译：戴洁、励逯元

副 主 译：杨洋、姜超

AME Wechat

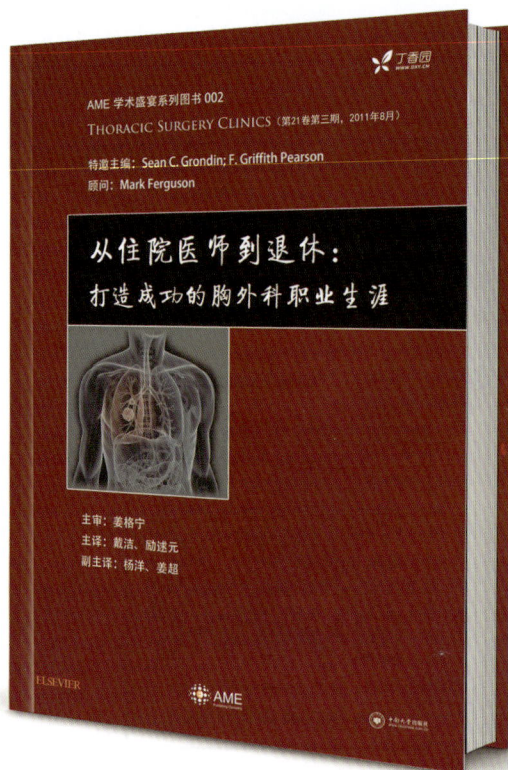

AME Publishing Company

JOURNAL of THORACIC DISEASE

JOURNAL CITATION REPORTS 2016
2016 IMPACT FACTOR
2.365
THOMSON REUTERS

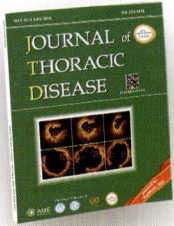

Scan to view the all
the issues of JTD

" *I am absolutely excited about this journal. It's a wonderful platform for thoracic surgeons to show the most complex researches and the most complex studies and development in the last year. So I wish all the best to this fantastic journal.* "

Diego Gonzalez Rivas
Editorial Board Member of JTD
Department of Thoracic Surgery,
Coruña University Hospital, Coruña, Spain

" *Journal of Thoracic Disease has been so successful and so widely read and you will not believe how many surgeons are met in my career in the past few years that really congratulate on the success and the expertise of these journal producers. So we are very happy of the family of JTD and we hope to continue this successful road and we hope more and more readers to join and to share our happiness of this achievement.* "

Gaetano Rocco
Deputy Editor-in-Chief of JTD
Division of Thoracic Surgery,
National Cancer Institute,Pascale Foundation,
Naples, Italy

" *JTD is a really excellent journal. I think it's rising very rapidly on popularity. So I wish it well with the first impact factor. I am sure that this is a very good start for it to go to greater height in the near future.* "

Peter Goldstraw
Academic Department of Thoracic Surgery,
Royal Brompton Hospital,
Imperial College London, London, UK

" *It brings great pleasure and honor to me and to my colleagues to be associated with the Journal of Thoracic disease. I would like to congratulate the members of the editorial board and the organizers of the journal on its recent impact factor announcement. As thoracic surgeons become a global group, I think the Journal of Thoracic Disease would provide another platform for us to learn and share our knowledge around the world.* "

Stephen Cassivi
Editorial Board Member of JTD
Mayo Clinic, Rochester, Minnesota, USA

" *I found it very enjoyable experience working with extremely professional, hardworking and dedicated staff committed to making the best educational value, making worthiness in terms of high technical representation videos and other novel transmission of information. And certainly it improves the experience for the readers and viewers.* "

Thomas D'Amico
Editorial Board Member of JTD
Duke University Medical Center,
North Carolina, United States

AME Publishing Company